O ABC DO INGLÊS

Nível iniciante

Autor de *Inglês em 50 Aulas* e *Como Entender o Inglês Falado*

BEN PARRY DAVIES

O ABC DO INGLÊS

Nível iniciante

ALTA BOOKS
EDITORA
Rio de Janeiro, 2018

O ABC do Inglês: Nível Iniciante - 2ª Edição

Impresso no Brasil — 2018 — Edição revisada conforme o Acordo Ortográfico da Língua Portuguesa de 2009.

Publique seu livro com a Alta Books. Para mais informações envie um e-mail para autoria@altabooks.com.br

Obra disponível para venda corporativa e/ou personalizada. Para mais informações, fale com projetos@altabooks.com.br

Produção Editorial
Editora Alta Books

Gerência Editorial
Anderson Vieira

Produtor Editorial
Thiê Alves

Assistente Editorial
Viviane Rodrigues

Produtor Editorial (Design)
Aurélio Corrêa

Marketing Editorial
Silas Amaro
marketing@altabooks.com.br

Ouvidoria
ouvidoria@altabooks.com.br

Vendas Atacado e Varejo
Daniele Fonseca
Viviane Paiva
comercial@altabooks.com.br

Equipe Editorial
Adriano Barros
Aline Vieira
Bianca Teodoro
Ian Verçosa
Illysabelle Trajano
Juliana de Oliveira
Kelry Oliveira
Paulo Gomes
Thales Silva

Diagramação (2ª Ed.)
Lucia Quaresma

Revisão Gramatical (2ª Ed.)
Flávio Rodrigues
Thaís Pol

Dados Internacionais de Catalogação na Publicação (CIP) de acordo com ISBD

D255a Davies, Ben Parry

O ABC do Inglês: nível iniciante / Ben Parry Davies. - 2. ed. - Rio de Janeiro : Alta Books, 2018.
208 p. ; il. ; 17cm x 24cm.

ISBN: 978-85-508-0319-7

1. Línguas. 2. Idioma. 3. Inglês. I. Título.

2018-841 CDD 425
CDU 811.111

Elaborado por Vagner Rodolfo da Silva - CRB-8/9410

ALTA BOOKS
EDITORA

Rua Viúva Cláudio, 291 — Bairro Industrial do Jacaré
CEP: 20970-031 — Rio de Janeiro - RJ
Tels.: (21) 3278-8069 / 3278-8419
www.altabooks.com.br — altabooks@altabooks.com.br
www.facebook.com/altabooks

SUMÁRIO

UNIT 1

1. INTERNATIONAL ENGLISH *INGLÊS INTERNACIONAL*

EXERCÍCIO 1 Veja quantas palavras você já sabe na língua inglesa! Leia, escute e repita as palavras a seguir e as escreva abaixo das imagens de **a** a **j**:

a hotel **a taxi** **a pizza** **an airport** **a camera**
a cowboy **the internet** **a TV** **a café** **a telephone**
a doctor **a hamburger** **a sandwich** **(a) football**

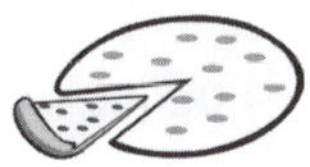

...a hotel..... **b.**...................... **c.**...................... **d.**...................... **e.**......................

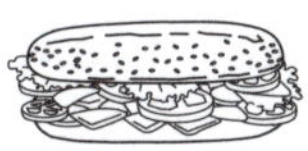

.... **g.**...................... **h.**...................... **i.**...................... **j.**......................

Escute as palavras novamente e sublinhe a sílaba tônica (a parte da palavra com mais ênfase), como no exemplo desta palavra – ho<u>tel</u>. Responda às perguntas:

- Para a maioria dos substantivos de duas sílabas, qual é a sílaba tônica?
- Quais dessas palavras têm ênfase diferente quando usadas na língua portuguesa?

Confira as respostas na página 177 e repita as palavras três vezes com a ênfase correta.

Lista básica de palavras inglesas usadas internacionalmente – as primeiras quatro categorias
http://ogden.basic-english.org/intlword.html

Lista mais extensa em ordem alfabética
http://simple.wikipedia.org/wiki/Wikipedia:Basic_English_international_wordlist

2. PERSONAL INFORMATION *DADOS PESSOAIS*

EXERCÍCIO 2 Escute três pessoas se apresentando e complete os dados nos formulários a seguir. Depois confira as respostas, escute novamente e repita tudo em voz alta:

First Name: Luciano

Surname: ____________

Flight number: TAM 4331

Origin: ____________, **Brazil**

Destination: Paris

FULL NAME: ____________ Jones

ADDRESS: 10 King Street

____________, England

OCCUPATION: ____________

DATE OF BIRTH: 12.07.1972

Name: ____________

Last name: Koch

Nationality: ____________

Profession: Student

Age: ____________

Hello, my name is Luciano. My last name is Fernandes. I'm from Santos in Brazil. I'm a doctor. Goodbye.

Hi, I'm Anna, Anna Jones. I'm from Oxford in England. I'm an artist Bye!

Hey, I'm Barbara Koch from New York. I'm 22 and I'm a university student. See you.

Hello		***Olá***	
Hi		***Oi***	
Hey		***Oi – informal***	
I'm from X [in Y]		***Eu sou de X [em Y]***	
I'm X		***Eu sou X***	
I'm	**a doctor**	***Eu sou***	***médico***
	a student		***estudante***
	an artist		***artista***
My name is X		***Meu nome é X***	
My last name/surname is X		***Meu sobrenome é X***	
My full name is X		***Meu nome completo é X***	
(Good) Bye *ou* See you		***Tchau***	

EXERCÍCIO 3 Complete as frases a seguir com seu nome e sobrenome e sua cidade, depois repita tudo dez vezes em voz alta:

Hello, my name is ______________________ My surname is ___________________________

Hi, I'm __________________________________ I'm from ______________________ in Brazil.

Escute o começo da música *Hi, my name is Joe,* da banda Squeeze Theeze Pleeze
http://www.youtube.com/watch?v=CzCr6fVO_9Y

3. TO BE – I, YOU, WE, THEY *SER/ESTAR*

EXERCÍCIO 4 Escute as pessoas falando e escolha a opção correta para completar as frases:

a. Hi, *you're/we're/they're* Jack and Flora. *I am/We are/You are* from Australia.

b. **A:** Hello, *I am/you are/they are* Jean-Pierre. **B:** Oh, *you're/we're/they're* French.
A: No, *I'm/you're/we're* from Canada.

c. Bob and Sue *is/are/am* English. *I'm/You're/They're* from Liverpool.

d. **B:** Hi, *I'm/you're/we're* Mr. and Mrs. Schmidt. *I'm/you're/they're* Andreas
A: and *I'm/you're/we're* Karine, hello!

Confira as respostas, escute novamente e repita as frases em voz alta.

TO BE (ser/estar)	
I'm = I am	***Eu sou/estou***
You're = You are	***Você é/está***
We're = We are	***Nós somos/estamos***
You're = You are	***Vocês são/estão***
They're = They are	***Eles ou elas são/estão***

PRONUNCIATION *PRONÚNCIA*

Existem duas formas do verbo **to be** – a forma completa (*I am, you are, we are, they are*) e a forma abreviada (*I'm, you're, we're, they're*). A forma abreviada é geralmente usada nas conversas do dia a dia, e a forma completa, apenas em situações formais ou para enfatizar o verbo.

EXERCÍCIO 5 Escute e repita as formas abreviadas, também escritas como um brasileiro ouve:

I'm = /**aim**/ You're = /**ior**/ We're = /**uiã**/ They're = /**theiã**/

Pode-se perceber como a tradução de "você é/está" (*you're*) é igual à tradução de "vocês são/estão" (*you're*), e com a mesma pronúncia: /**ior**/.

EXERCÍCIO 6 Escute e repita as frases a seguir:

- ***I'm*** from São Paulo.
- ***You're*** welcome. (*De nada*)
- ***They're*** my friends.
- ***We're*** in Miami.
- ***They're*** at home. (*em casa*)
- ***You're*** from Brazil, right? (*certo?*)
- ***I'm*** Brazilian, and you?
- ***We're*** American.
- ***They're*** from Argentina.

E faça os dois exercícios sobre o verbo *to be*
http://www.eclecticenglish.com/grammar/PresentSimpleToBe1A.html

Escute (e cante!) a famosa música do Joe Cocker *You are so beautiful*
http://www.youtube.com/watch?v=IpMkdPDthT8&feature=related

EXERCÍCIO 7 Escute o diálogo entre um recepcionista de um hotel e uma hóspede e sublinhe todos os exemplos do verbo **to be** (inclusive em perguntas):

R: Hello, can I help you?
B: Hi, we're Mr. and Mrs. Goody, from Chicago.
R: Ok. Oh, yes, you're the friends of Mr. and Mrs. West, right?
B: Yes, we are. Are they here?
R: Yes, they're in the restaurant.
B: Thanks. I'm so pleased.
R: You're in room 284. Here you are.

R: *Olá, posso ajudá-lo?*
B: *Oi, nós somos o Sr. e a Sra. Goody, de Chicago.*
R: *Ok. Ah, sim, vocês são os amigos do Sr. e da Sra. West, certo?*
B: *Sim, somos. Eles estão aqui?*
R: *Sim, estão no restaurante.*
B: *Obrigado. Estou muito feliz.*
R: *Vocês estão no quarto 284. Aqui está.*

EXERCÍCIO 8 Leia e escute as frases sobre o diálogo anterior; quatro são falsas, duas são corretas. Se a frase for falsa, escreva a correta ao lado:

a. Mr. and Mrs. Goody are from Australia. ____________
b. They're friends of the receptionist. ____________
c. Mr. and Mrs. West are in the hotel. ____________
d. Mr. and Mrs. West are in the bar. ____________
e. Mr. and Mrs. Goody are in the reception. ____________
f. They're in room 282. ____________

4. NUMBERS FROM 1 TO 10 *NÚMEROS DE 1 A 10*

EXERCÍCIO 9 Escreva as palavras (de **a** a **k**) do lado dos números correspondentes. Depois escute os números na ordem correta para conferir e repetir várias vezes:

0. ____________ a. ***three*** /thrii/
1. ____________ b. ***seven*** /sevãn/
2. ____________ c. ***five*** /faiv/
3. ____________ d. ***zero*** /ziãrou/
4. ____________ e. ***one*** /uan/
5. ____________ f. ***nine*** /nain/
6. ____________ g. ***two*** /tuu/
7. ____________ h. ***ten*** /ten/
8. ____________ i. ***four*** /for/
9. ____________ j. ***six*** /siks/
10. ____________ k. ***eight*** /eit/

EXERCÍCIO 10 Fale os números (e os substantivos) em inglês e depois escute para conferir:

a. 

b. **FOUR + THREE = ?**

c. 

d. 

e. 

f. 

g. **TEN – ONE = ?**

EXERCÍCIO 11 Escute as pessoas falando e escreva apenas os números que elas dizem:

- ***Phone number*** *(Número de telefone)* ------------------------------------
- ***Passport number*** *(Número do passaporte)* ------------------------------------
- ***Security code*** *(Código de segurança)* ------------------------------------
- ***Bank account*** *(Conta bancária)* ------------------------------------
- ***Address*** *(Endereço)* ------------------------------------

EXERCÍCIO 12 Repita duas vezes em voz alta os seguintes números em inglês:

- O seu telefone fixo (e celular)
- O número do seu CPF
- Seu endereço, incluindo o CEP
- O telefone de um(a) amigo(a)
- O número da sua identidade ou passaporte
- O número do seu cartão de banco

Escute e leia os números (sotaque britânico)
http://www.youtube.com/watch?v=NFIp7XI-574

Escute a música dos números
http://www.youtube.com/watch?v=bBPplaS4oX8

Faça um caça-palavras com os números
http://www.mes-english.com/worksheets/flashcards/numbers1_wordsearch.php

5. A/AN *UM/UMA*

Para dizer um/uma + substantivo (por exemplo, *um táxi* ou *uma cerveja*), existem duas palavras em inglês: **a** e **an**.

EXERCÍCIO 13 Leia, escute e repita as palavras dos dois grupos a seguir e decida quando se usa **a** e quando se usa **an**:

A	An
a taxi – *um táxi*	**an email – *um email***
a hotel – *um hotel*	**an office – *um escritório***
a plane – *um avião*	**an egg – *um ovo***
a sandwich – *um sanduíche*	**an actor – *um ator***
a Coke – *uma Coca*	**an internet café – *um cibercafé***
a beer – *uma cerveja*	**an umbrella – *um guarda-chuva***
a computer – *um computador*	

Antes de consoantes	Antes de vogais
A	**AN**

EXERCÍCIO 14 Escreva **a** ou **an** nos espaços e traduza as palavras. Depois escute as palavras e sublinhe a sílaba tônica de cada uma. Confira as respostas e depois escute novamente para repetir:

___ supermarket ___ bank ___ omelet ___ coffee ___ idea

___ cigarette ___ upgrade ___ Apple Mac® ___ park ___ visa

___ elevator ___ theater ___ restaurant ___ important problem

! Algumas palavras começam com uma vogal, mas com som de consoante. Portanto, usa-se *a* e não *an*. Por exemplo:

a university /ã iuniversiti/ **a** uniform /ã iuniform/ **a** European /ã iurãpiãn/

Por outro lado, existem palavras que começam com a letra **h**, mas têm a pronúncia de vogal, portanto usa-se **an** e não **a**:

an hour/ãn auã/
(*uma hora*)

an honest man/**ãn** onist man/
(*um homem honesto*)

! Para falar de uma profissão em inglês, usa-se *a* ou *an* no singular:

I'm **a** teacher (*Eu sou professor*)

He's **a** lawyer (*Ele é advogado*)

Maria is **a** student (*Maria é estudante*)

Tim is **an** architect (*Tim é arquiteto*)

My parents are doctor**s** (*Meus pais são médicos*)

Faça o exercício com *a* e *an* (sem precisar entender todo o vocabulário)
https://www.englisch-hilfen.de/en/exercises/nouns_articles/article_a.htm

PRONUNCIATION *PRONÚNCIA*

A letra *a* em inglês tem a pronúncia de **/ei/**, mas, quando se fala antes de uma outra palavra (como *a taxi* ou *a hotel*), a pronúncia muda para **/ã/**:

a taxi = /**ã** taksi/ a hotel = /**ã** routel/ a computer = /**ã** kompiutã/

A pronúncia de *a* muda exatamente porque é uma sílaba que *não tem ênfase*, ou seja, é *átona*, o que acontece em muitas palavras na língua inglesa, quase sempre produzindo um som parecido com o /**ã**/ de português.

Escute todas as palavras do exercício anterior novamente para ouvir a ênfase e como a pronúncia de *a* muda para **/ã/**.

Para as palavras que começam com uma vogal – an **e**mail, an **a**pple (*uma maçã*), an **i**diot (*um idiota*) etc. –, geralmente a pronúncia fica /**ãn/**, e o *n* de *an* faz uma conexão com a vogal do começo da próxima palavra.

EXERCÍCIO 15 Escute e repita:

an ‿ alarm /ãn ãlarm/ (*um alarme*)
an ‿ example /ãn ekzampãl/ (*um exemplo*)
an ‿ image /ãn imidj/ (*uma imagem*)
an ‿ old house /ãn old raus/ (*uma casa velha*)

EXERCÍCIO 16 **Memory trip (*viagem de memória*).** Aproveite uma técnica clássica de memorização: imagine que você vai passear em ruas que conhece bem e vai repetir várias vezes o nome das coisas que vê ao seu redor, usando os artigos **a** ou **an**. Feche os olhos e imagine lugares diferentes com o nome em inglês escrito em letras enormes e coloridas.

Por exemplo: *a house, a car, two taxis, a hotel, a man, a bank, a supermarket, a restaurant, a café.*

- Imagine que você entra no café... *three coffees, a sandwich, an expresso.*
- Ou você entra em um prédio... *a receptionist, an elevator, an office.*
- É possível incluir algumas palavras novas também (*a street, two people, a truck*), ou outras informações (*an old man, a beautiful woman, a red car* etc.).
- Além disso, é claro, você pode passear de verdade, começando pela sua casa (*a table, a computer, a TV, an Ipod* etc.) e depois saindo na rua.

6. THE *O/A*

Para dizer *o/a* + substantivo (como *o ônibus* ou *a Copa do Mundo*), há uma única palavra em inglês: **the**.

EXERCÍCIO 17 Escute as palavras dos dois grupos a seguir e perceba duas pronúncias de **the**:

The	The
the bus – *o ônibus*	**the end – *o fim***
the World Cup – *a Copa do Mundo*	**the internet – *a internet***
the Police – *a polícia*	**the airport – *o aeroporto***

The	The
the center – ***o centro***	**the exit –** ***a saída***
the best – ***o melhor***	**the apple –** ***a maçã***

Antes de consoantes	Antes de vogais
The /thã/	**The /thii/***

EXERCÍCIO 18 **Pronunciation.** A pronúncia de *the* também inclui o som de /ã/ **/thã/**, mas apenas antes de palavras que começam com consoante.

the bus /**thã** bas/
the police /**thã** pãliis/
the center /**thã** sentã/
the best /**thã** best/

Antes de palavras que começam com vogal, por outro lado, a pronúncia é /**thii**/.

the end /**thii** end/
the airport /**thii** érport/
the internet /**thii** intãnet/
the exit /**thii** eksit/

EXERCÍCIO 19 Leia todas as palavras a seguir em voz alta e confira as traduções. Depois combine um dos lugares que estão na lista **a** com uma das coisas na lista **b**:

a.
the airport a hotel an office
the internet a bar the theatre
a restaurant the bank

b.
a room a beer an actor
a pizza an elevator a plane
a website a credit card

Assista a aula da professora Marcela Mallet sobre os artigos *a, an* e *the*
https://www.youtube.com/watch?v=IrIFgy8mEzk

* Para a pronúncia das letras **th**, veja página 43.

7. TO BE – He, She, It *SER/ESTAR*

EXERCÍCIO 20 Leia e escute as frases de **a** a **f** e combine com uma das pessoas/coisas:

Dilma Florianópolis my boyfriend Lady Gaga my apartment Lionel Messi

a. **It is** the capital of Santa Catarina. **It's** a popular tourist destination.
b. **She is** the ex-President of Brazil. **She's** from BH in MG. **She's** about 70 years old.
c. **She** is a famous singer. **She's** from New York. **She's** 32.
d. **He is** a fantastic football player. **He's** from Argentina and **he's** 1.
e. His name **is** Giancarlo and **he's** from Milan in Italy. **He's** 38 and **he's** an artist.
f. **It's** in Ipanema. **It's** not big, but **it is** 200 m from the beach!

Confira as respostas, escute novamente e repita. Qual é a diferença entre **he**, **she** e **it**?

TO BE – ser/estar
He's = He is – *Ele é/está*
She's = She is – *Ela é/está*
It's = It is – *É/está* – coisas/lugares etc.

PRONUNCIATION *PRONÚNCIA*

Como já vimos, existem formas completas do verbo **to be** (*he is, she is, it is*) e formas abreviadas (*he's, she's, it's*). Escute e repita:

He's /**riiz**/ She's /**chiiz**/ It's /**its**/

EXERCÍCIO 21 Repita várias vezes em voz alta todas as formas abreviadas do verbo **to be** e depois escute e repita as combinações a seguir:

- He's from São Paulo.
- Paula's Brazilian.
- It's hot.
- She's my girlfriend.
- He's famous.
- It's in the center.
- Harry's from America.
- It's interesting.

EXERCÍCIO 22 Complete as frases a seguir com a forma correta do verbo **to be** ou com um dos pronomes **I, you, he, she, it, we, they.** Depois escute para conferir e repetir:

a. Miguel _____ from Madrid. _____ 's the marketing director.

b. **A:** Thank _____ very much. **B:** _____'re welcome.

c. Will and Kate _____ English. He _____ from London and _____ is from Bucklebury.

d. You'_____ in room 441. It'_____ on the 4th floor.

e. **A:** _____ you from Brazil? **B:** No, _____ are from Portugal.

f. Hello, my name _____ Johnny. I'_____ an actor and _____'m from America.

g. The Louvre Museum _____ fantastic. _____' _____s so interesting.

h. Mr. and Mrs. Rosa _____ Mexican. _____' _____ from Cancún.

Escute o rap do professor Hugo para nunca esquecer do verbo *to be*
http://www.youtube.com/watch?v=sAW3f4KGSn4&feature=related

8. THE ALPHABET *O ALFABETO*

EXERCÍCIO 23 As letras podem ser divididas de acordo com o som da vogal principal. Escute e repita as letras:

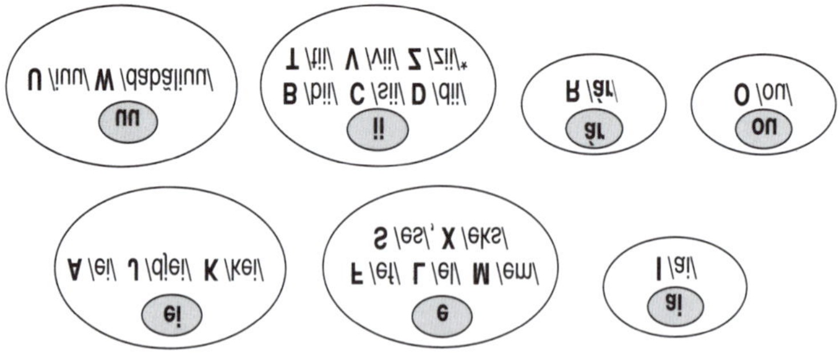

EXERCÍCIO 24 Escute as demais letras e coloque em um dos grupos:

E H N P Q Y G

* Em inglês britânico, a pronúncia da letra z é /**zed**/.

PRONUNCIATION *PRONÚNCIA*

Existem truques ou referências para lembrar algumas letras:

A – US**A** E – **e**mail I – **i**Pod **O** – **O**K U – **you** H – **H**BO

J – D**J** K – O**K** Q – than**k you** R – T**ar**zan (ááá) Y – mineiros **(uai)**

Escute o *Hip Hop Alphabet Song*, do Jack Hartmann
https://www.youtube.com/watch?v=fdrudcVcOrM

Outra música do alfabeto com bastante ritmo
http://www.youtube.com/watch?v=IKfCyoNCUkM

EXERCÍCIO 25 Escute e escreva as palavras a seguir, depois confira as respostas e repita as palavras e as letras que as compõem:

1. __________ **2.** __________ **3.** __________ **4.** __________
5. __________ **6.** __________ **7.** __________ **8.** __________

EXERCÍCIO 26 Soletre em inglês os nomes das seguintes cidades, depois escute para conferir e repetir:

- **Rio de Janeiro** • **Belo Horizonte** • **Porto Alegre** • **Curitiba** • **Florianópolis**

EXERCÍCIO 27 **Letter trail (*caminho de letras*).** Cruze o quadro em várias direções (direita para esquerda ou de cima para baixo), falando em voz alta a pronúncia correta de cada letra no caminho e marcando com um lápis. Se errar, é preciso recomeçar em outro caminho.

A	E	H	I	W	Y	A	J	O	Q	Z	I
R	F	T	Q	K	G	B	H	E	U	E	W
X	P	R	N	L	J	E	Q	J	C	J	T
M	C	O	E	G	E	U	R	Y	F	K	H
Q	Y	J	B	I	R	Q	C	H	E	C	Z
E	H	O	L	F	R	U	P	J	Q	Z	E
O	I	K	D	C	G	J	S	O	E	P	R
J	X	E	F	E	H	Q	I	Q	O	I	B
I	R	S	K	M	O	N	F	I	R	Y	V
G	B	Q	S	R	L	D	T	B	D	S	J
K	P	U	H	G	I	O	E	Y	R	H	A
U	H	O	U	E	N	P	K	V	L	G	X

Para praticar mais, soletre seu nome (*name*), sobrenome (*last name/surname*), endereço (*address*), os nomes de pessoas da sua família (*family*), os nomes de alguns amigos (*some friends*), outras cidades (*other cities*) etc.

Joguinho básico com as letras do alfabeto
http://www.learnenglish.org.uk/kids/antics/index.html

Diversos jogos sobre o alfabeto
https://www.education.com/games/alphabet/

UNIT 2

1. BRAZILIAN ENGLISH *INGLÊS BRASILEIRO*

O inglês que você não sabia que já sabe! Sem procurar no dicionário, veja quantas palavras você consegue traduzir para o inglês:

dirigir	**rápido**	**jogar**	**compras**	**bolsa**	**presunto**	**quente**
feliz	**homem**	**caixa**	**cidade**	**loja**	**intervalo**	**leve**

EXERCÍCIO 1 Não acertou todas? Então complete as palavras compostas usadas na língua portuguesa e confira as traduções (na mesma ordem das palavras na tabela). O número de espaços de letras é o exato para cada palavra:

fazer um teste-_ _ _ _ _   _ _ _ _ **food**   _ _ _ _ **ground**   _ _ _ _ _ _ _ _ _ **center**
air-_ _ _   _ _ _ **burger**   _ _ _ **dog**   _ _ _ _ _ **hour**   **bar** _ _ _   **China in** _ _ _ ®
_ _ _ _ **tour**   **free** _ _ _ _ *(no aeroporto)*   **coffee** _ _ _ _ _   **Coca** _ _ _ _ _

EXERCÍCIO 2 Complete as frases a seguir com uma das palavras do "Brazilian English" e depois escute as frases completas para conferir e repetir:

- It's very _______________ in the summer, about 35°C every day!
- A Louis Vuitton _______________ costs about R$2.000.
- In the USA, it's not possible to _______________more than 85 kph.
- The students ___________ football during the ___________ (from 10 a.m. to 10.30 a.m.)
- Bill Gates is a very rich _______________ He has approximately U$91 billion.
- Rio de Janeiro is a state (*estado*) and a _______________.
- We normally go _______________ at BIG supermarket.
- Formula 1 cars are very ______________ (640 kg) and very ______________ (320 kph).

Uma lista de palavras da língua inglesa usadas com frequência no Brasil
http://www.sk.com.br/forum/display_message.php?message_id=95029

2. SOCIAL EXPRESSIONS *EXPRESSÕES SOCIAIS*

EXERCÍCIO 3 Leia as frases a seguir e combine com os números de 1 a 9 nos balões de fala das imagens:

Please, help me **Nice to meet you** **Ok, no problem**
Good morning **Good night** **For you Thanks** **How are you?**
Nice to meet you, too **I'm fine thanks, and you?**

Primeiro confira as respostas. Depois leia, escute e repita várias vezes todas as expressões da tabela a seguir:

Good morning *(Bom dia)*	**Please** *(Por favor)*
Good afternoon *(Boa tarde)*	**Thank you** [very much] ([Muito] *Obrigado – formal)*
Good evening *(Boa noite – ao chegar)*	**Thanks** *(Obrigado)*
Good night *(Boa noite – ao se despedir/ir dormir)*	**You're welcome** *(De nada)*
How are you? *(Como você está?)*	**No problem** *(Não tem problema)*
I'm fine, thanks, and you?, *(Estou bem, obrigado e você?)*	**Very [big]** *(Muito [grande])*
Nice/Pleased to meet you *(Prazer em conhecê-lo/la)*	**Can you help me, please?** *(Pode me ajudar, por favor?)*
Nice/Pleased to meet you too *(Igualmente)*	

EXERCÍCIO 4 Escreva uma resposta apropriada para as frases a seguir. Confira as respostas e depois escute as frases e repita as respostas no espaço da gravação:

a. Hello, how are you? --
b. Here is your cheeseburger. --
c. Thank you very much. --
d. What's your name? --
e. Good afternoon. --
f. Please, can you help me? --
g. Nice to meet you. --

Escute várias expressões sociais (não se preocupe em entender tudo, apenas repita os exemplos)
http://www.youtube.com/watch?v=cQnD3qJiJPo&feature=related

3. TO BE – QUESTIONS *SER/ESTAR – PERGUNTAS*

EXERCÍCIO 5 Combine as perguntas com as respostas, depois escute para conferir e repetir:

Is Paulo from Brasil?	No, she's a friend.
Is it hot in London?	No, it's very small.
Are you here on business?	Yes, you are. Here is your ticket.
Are they in the hotel?	No, you're very intelligent!
Am I stupid?	Yes, they're in room 65.
Is she your girlfriend?	Yes, it's 30° C.
Is it a big city?	No. he's Italian.
Are we on the TAM flight?	No, we're here on holiday

Leia novamente as perguntas do exercício anterior, principalmente as partes em negrito. Como se faz para formar perguntas com o verbo **to be**?

TO BE questions → Trocar verbo e sujeito(s)	
I'm late → **Am I** late?	It's interesting → **Is it** interesting?
You're crazy → **Are you** crazy?	We're in room 42 → **Are we** in room 42?
He's Japanese → **Is he** Japanese?	You're the manager → **Are you** the manager?
She's a secretary → **Is she** a secretary?	They're at home → **Are they** at home?
Joe is in the office → **Is Joe** in the office?	My mom is here → **Is my mom** here?
The students are on the plane → **Are the students** on the plane?	
Juan and Isabel are Spanish → **Are Juan and Isabel** Spanish?	

EXERCÍCIO 6 Transforme as frases afirmativas a seguir em perguntas, por exemplo:

Flavia is an artist → Is Flavia an artist?
- You're from the USA → ______?
- Bill is in Portugal. → ______?
- We are the champions. → ______?
- Your mother is at home. → ______?
- Lisbon is beautiful. → ______?
- Brazilians are friendly. → ______?
- You are good at sport. → ______?
- The final is in Rome. → ______?

EXERCÍCIO 7 **A cool club (*uma boate legal*).** Leia e escute os dois amigos conversando sobre uma boate nova e sublinhe as perguntas com **to be**:

A: So, is the club cool then? (*E então, a boate é legal?*)
B: Dude, it's totally amazing! (*Cara, é muito bacana!*)
A: Really? So, is it, like, really big? (*Mesmo? Então, é tipo bem grande?*)
B: Big? It's enormous; 5 bars, 3 dance floors! (*Grande? É enorme; 5 bares, 3 pistas!*)
A: And are the DJs good? (*E os DJs são bons?*)
B: They're the best, man. (*São os melhores, cara.*)
A: Are the girls beautiful? (*E as meninas são bonitas?*)
B: They're all models! (*São todas modelos!*)
A: Are you a member? **B:** I'm a VIP! (*E voce é sócio? Sou VIP!*)
A: Cool. So, is it open on Saturday? (*Legal. Então abre no sábado?*)
B: No, it opens next year! (*Não, abre no ano que vem!*)

EXERCÍCIO 8 Escreva perguntas completas com o verbo **to be** sobre um hotel de acordo com as dicas, por exemplo:

hotel/good? → Is the hotel good?
- rooms/big? → ______?
- hotel/in/center? → ______?
- bar/open? → ______?
- food/delicious? → ______?
- beds/comfortable? → ?
- service/good? → ______?

PRONUNCIATION *PRONÚNCIA*

Nas perguntas com o verbo **to be**, as palavras *are* e *you* geralmente não tem ênfase, portanto a pronúncia muda para /**ã**/ e /**iã**/, respectivamente. Escute e repita as perguntas curtas, prestando atenção na pronúncia rápida de **are** e **you**:

- **Are you** Brazilian?
- **Are you** a student?
- **Are you** married (*casado*)?
- **Are you** hungry (*com fome*)?
- **Are you** at home?
- **Are you** online?

Na pronúncia de *Is he?* e *Is she?*, as duas palavras se juntam para formar um som único como **/(i)zi/** e **/(i)chi/**. Também pode ser difícil distinguir as duas.

EXERCÍCIO 9 Escute e repita as perguntas a seguir e selecione a opção correta – **Is he?** ou **Is she?**:

- *Is he/Is she* English?
- *Is he/Is she* your boss?
- *Is he/Is she* happy to be home?
- *Is he/Is she* at the airport?
- *Is he/Is she* a pilot?
- *Is he/Is she* from Germany?

Uma variedade de exercícios para praticar todas as formas do verbo *to be*
http://sos-inglesonline.blogspot.com/2011/02/verb-to-be-practice.html

4. COMMON OBJECTS *OBJETOS COMUNS*

EXERCÍCIO 10 Leia e escute o diálogo no aeroporto entre um policial *(a Police Officer)* e um passageiro *(a passenger)*. Depois escute novamente e combine as imagens 1-8 com uma das palavras em negrito:

PO: Excuse me, sir, I'm from airport security. Can I see your **ticket**, please?
P: Yes, sure, here it is.
PO: Ok, that's fine. What's in your **bag**?
P: My **laptop**, my **cell phone**, a **diary** and a **pen**...
PO: Ok, and this **watch**? It's new, isn't it?
P: Yes, a present from my girlfriend.
PO: And what's in your **jacket**?
P: Just my **wallet** with some **money** and credit cards and a pair of **sunglasses**.
PO: All right, thanks. Have a nice trip.

. ...

5. ....

. ...

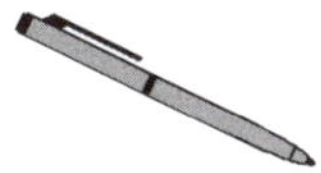
6. ....

. ...

7. ....

. ...

8. ....

5. PLURAL NOUNS *SUBSTANTIVOS PLURAIS*

Plural nouns

A maioria dos substantivos recebe um **-s** no plural:
dog**s**, banana**s**, table**s**, bag**s**, plane**s**, hotel**s**, program**s** etc.

- Substantivos que terminam nos sons de /**s**/, /**ch**/, /**tch**/, /**z**/ ou /**eks**/ recebem **-es**:

bus – **buses** (*ônibus*) search – **searches** (*buscas*) watch – **watches** (*relógios*)
box – **boxes** (*caixas*) place – **places** (*lugares*) kiss – **kisses** (*beijos*)
dish – **dishes** (*pratos/louça*)

- Substantivos que terminam em **consoante + y**: o *y* muda para **–ies**:

baby – **babies** (*bebês*) country – **countries** (*países*) city – **cities** (*cidades*)
story – **stories** (*histórias*) French **fries** (*batatas fritas*)

Porém, substantivos que terminam em **vogal + y** não mudam:

day – **days** (*dias*) boy – **boys** (*meninos*) key – **keys** (*chaves*)

- Alguns substantivos têm uma forma irregular no plural:

man – **men** (*homens*) woman – **women** (*mulheres*)
child – **children** (*crianças/filhos*) person – **people** (*pessoas*)

EXERCÍCIO 11 Corrija os erros nas formas plurais das frases a seguir, depois confira as respostas, escute e repita:

a. At Brazilian universitys, 52% of students are mans, 48% are womans.
b. 2 million persons use Google every day; a total of 5 million searchs.
c. In many countrys, the majority of the population is in the citys.
d. The team in the Brazilian Championship play 42 matchies in the season.
e. It's a good idea to read stories to childrens and babys.

EXERCÍCIO 12 Escreva as frases a seguir no plural:

- She's an intelligent woman. → They ______________
- My child is making a different dish. → ______________
- There is a baby on the bus. → ______________
- The story is about a person in prison. → ______________
- It's a big city. It's a big country. → ______________

PRONUNCIATION *PRONÚNCIA*

As palavras que adicionam **-es** no plural têm a pronúncia de **/iz/**, ou seja, uma sílaba a mais no final da palavra.

Escute e repita:

a church	/**tchertch**/	(*uma igreja*)	→	churches	/**tchertch-iz**/	(*igrejas*)
a glass	/**glas**/	(*um copo*)	→	glasses	/**glas-iz**/	(*copos ou óculos*)
a race	/**wreis**/	(*uma corrida*)	→	races	/**wreis-iz**/	(*corridas*)

As palavras que recebem **-ies** têm uma pronúncia estendida, **/iiz/** (veja também página 102).

Escute e repita:

parties /**partiiz**/ (*festas*) universities /**iuniversitiiz**/ copies /**kopiiz**/ (*cópias*)

Escute e repita a pronúncia de substantivos com plural irregular:

woman /**uomãn**/ – women /**uimin**/ person /**persãn**/ – people /**piipãl**/
child /**tchiãld**/ – children /**tchildrãn**/ man /**maan**/ – men /**men**/

Joguinho de combinar formas singulares e plurais
http://www.manythings.org/wbg/irr_plurals1-mw.html

EXERCÍCIO 13 **Crossword (*Palavras cruzadas*).** Complete de acordo com as dicas:

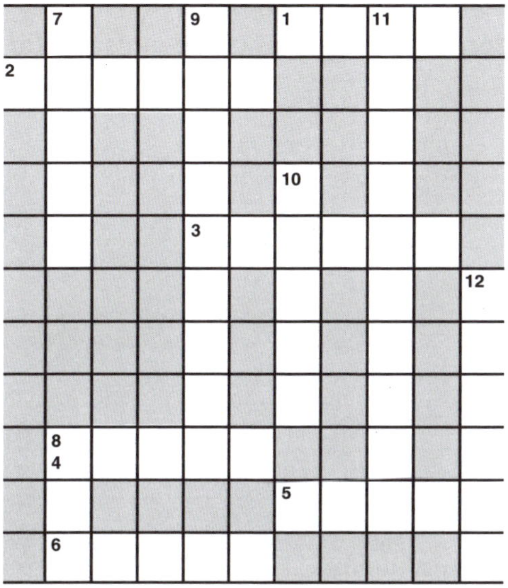

Horizontal

1. Usain Bolt, Ferraris
2. Blazer, tuxedo
3. Plural of person
4. Reais, dollars
5. Plural of bus
6. Good ________________, sleep well

Vertical

7. Rolex, Seiko
8. Singular of men
9. Nokia, Samsung, LG
10. Plural of woman
11. Ray-Ban, Oakley
12. Cheddar, Mozzarella

6. TO BE – NEGATIVE *SER/ESTAR – NEGATIVO*

EXERCÍCIO 14 Leia, escute e repita o diálogo entre Lorenzo e Caroline, dois alunos que estão começando um curso de informática:

L: Hi. Are you a student?
C: Yes, I am. Hi, I'm Caroline.
L: Hello, my name is Lorenzo.
C: Are you Italian?
L: No, I'm not. I'm Brazilian. Are we late?
C: No, we're not. It's not 9 o'clock yet.
L: Let's go.

EXERCÍCIO 15 Escute o diálogo novamente e sublinhe os exemplos da forma negativa do **to be**. Depois escute e repita todas as formas a seguir:

TO BE – Negative	
I'm not *(Eu não sou/estou)*	**We aren't/We're not** *(Nós não somos/estamos)*
He isn't/He's not *(Ele não é/está)*	**You aren't/You're not** *(Vocês não são/estão)*
She isn't/She's not *(Ela não é/está)*	**They aren't/They're not** *(Eles não são/estão)*
It isn't/It's not *(Não é/está – objetos/lugares etc.)*	

! Existem duas formas do negativo para todos os pronomes, menos *I* (*eu*). A primeira forma (*you aren't, he isn't*) é usada com um pouco mais de frequência. Em situações mais formais, é também possível usar a forma completa (*he is not, we are not*).

EXERCÍCIO 16 Escreva as frases a seguir na forma negativa:

- My mother is from Porto Alegre. → ______________________
- It's very hot here in the summer. → ______________________
- The students are all from Brazil. → ______________________
- I'm normally good with computers. → ______________________
- The shopping center is open. → ______________________
- The children are on the beach. → ______________________
- It's a very big supermarket. → ______________________
- My glasses are in my bag. → ______________________

EXERCÍCIO 17 **Board game (*jogo de tabuleiro*).** Jogue um dado e mexa sua ficha até uma pergunta com **to be**. Leia a pergunta e dê respostas curtas, afirmativas e negativas.

Por exemplo: *"Are you English? No, I'm not. I'm Brazilian"*
"Is Tokyo a big city? Yes, it is"

START HERE →	**Are you English?**	**Is it hot today?**	**Are your parents doctors?**	**Is *Neymar* an actor?**	**Is Russia a big country?**	**Are *Bob's* burgers good?**
						Are you at home?
Are you happy?	**Is *Russell Crowe* English?**	**Is Judo Chinese?**	**Are exams difficult?**	**Is *Lula* the President of Brazil?**	**Are Brazilians friendly?**	**Is your mother Brazilian?**
Is *Taylor Swift* American?						
Is your surname Portuguese?	**Are politicians (*políticos*) honest?**	**Is Brazil in Europe?**	**Is *Coke* a famous food?**	**Are *Sandy and Junior* singers?**	**Are your friends rich?**	**Is a *Fiat Uno* fast?**
						Is your computer on? (*ligado*)
FINISH ← HERE	**Is the verb *to be* easy?**	**Are women more intelligent?**	**Is your phone a *Nokia*?**	**Are you religious?**	**Is Japan in Asia?**	**Are you in a city?**

Exercícios sobre as formas positivas, negativas e interrogativas do *to be*
https://agendaweb.org/verbs/to-be-lower-intermediate-exercises.html

Escute mais exemplos na forma negativa
http://www.youtube.com/watch?v=89QabDAydtw

7. NUMBERS FROM 11 TO 20 *NÚMEROS DE 11 A 20*

EXERCÍCIO 18 Escute os números e escreva a pronúncia (com a ênfase sublinhada) nos parênteses, como já foi feito com o número 11:

11 ____________ (ilevãn)	**16** ____________ (________)
12 ____________ (________)	**17** ____________ (________)
13 ____________ (________)	**18** ____________ (________)
14 ____________ (________)	**19** ____________ (________)
15 ____________ (________)	**20** ____________ (________)

EXERCÍCIO 19 Troque as letras para escrever os números nos espaços, depois escute novamente e repita os números de 1 a 20 cinco vezes:

EL NEVE = eleven	NEW TYT = ____________
THE GENIE = ____________	NEE EVENTS = ____________
FIN FEET = ____________	SEX NITE = ____________
U NOT FREE = ____________	THIN TREE = ____________
TEN ENNIE = ____________	WEL VET = ____________

Os números de 1 a 20 com animação engraçada
http://www.youtube.com/watch?v=RCHvRjTtx08&feature=related

EXERCÍCIO 20 Fale o número correspondente às frases a seguir:

- age you can drive a car in Brazil
- days in 2 weeks
- players in a football team
- eight plus five
- Ronaldo's age at 1994 World Cup
- players in a rugby team
- twenty minus four
- Olympics in London (*2 números*)
- ten plus nine

EXERCÍCIO 21 **Pronunciation game.** Corte 21 pedaços de papel e escreva os números de 0 a 20 de um lado. Coloque os números de cabeça para baixo e misture bem, depois vire um papel e fale o número em inglês.

8. COUNTRIES AND NATIONALITIES *PAÍSES E NACIONALIDADES*

EXERCÍCIO 22 Combine a comida ou bebida com o país de origem:

Mexico Germany Scotland Italy
Japan China Russia USA
France Spain Portugal India

sushi curry paella chili con carne
whisky pasta port wine chow-mein
stroganoff hotdog baguette sausage

EXERCÍCIO 23 Escute as nacionalidades (ou idiomas) dos países do exercício anterior e escreva em um dos três grupos de acordo com as últimas letras (o sufixo). Qual é a única nacionalidade da lista que não termina em um destes três sufixos?

-ish	-ese	-(i)an
English		

EXERCÍCIO 24 Escreva embaixo da imagem a nacionalidade das personagens e personalidades abaixo:

Beethoven
German ....

Pikachu
....

Gandhi
....

De Gaulle
....

Benjamin Franklin
....

Rei Juan Carlos
....

Sean Connery
....

Mao Tse Tung
....

Vasco da Gama
....

Leonardo da Vinci
....

Resumo de países e nacionalidades
https://www.youtube.com/watch?v=Z6cvRmyEUKc

Escute a música *Boom Shakalaka* do Apache Indian (a partir de 1.33)
http://www.youtube.com/watch?v=p5scd__HSWE

9. PRONUNCIATION – LONG VOWELS (1)

PRONÚNCIA – VOGAIS LONGAS (1)

Na língua inglesa existem cinco sons chamados de *vogais longas*, com uma pronúncia longa, de duração um pouco maior. O primeiro é o som de **/ii/***, que pode ser escrito com letras diferentes (em **negrito** nos exemplos a seguir).

EXERCÍCIO 25 Escute e repita:

pl**ea**se /pliiz/ Portug**ue**se /portchãgiiz/ thr**ee** /thrii/ m**e** /mii/ sl**ee**p /sliip/ (*dormir*)
p**eo**ple /piipãl/ cit**y** /sitii/ **TV** /tiivii/ Argent**i**na /ardjãntiinã/ mov**ie** /muuvii/ (*filme*)

Escute as palavras novamente e repita na frente do espelho. Exagere a extensão no som de **/ii/** e veja como sua boca abre nos lados, quase formando um sorriso.

EXERCÍCIO 26 Leia, escute e repita as frases a seguir, e sublinhe os sons de **/ii/**:

a. One metre is about three feet.
(*Um metro é aproximadamente três pés.*)

b. Please have a seat.
(*Sente-se, por favor.*)

c. We have two girls; Marie is twelve and Lucy is thirteen.
(*Nos temos duas meninas; Marie tem 12 anos e Lucy tem 13.*)

d. At the weekend I like to wear jeans and a T-shirt.
(*No fim de semana, gosto de usar calça jeans e uma camiseta.*)

e. I normally eat fruit in the evening.
(*Normalmente eu como fruta à noite.*)

---

* O símbolo internacional para esse som é **/iː/** – as duas pontinhas representam a duração maior de uma vogal longa.

EXERCÍCIO 27 Escute as frases a seguir faladas duas vezes (A e B), uma vez com a pronúncia correta das palavras em negrito e uma vez com a pronúncia errada. Circule a opção correta:

- I drive a Honda **Fit**. (A / B)
- Excuse me, this is my **seat**. (A / B)
- *Twilight* is a **teen** movie. (A / B)
- She loves black **jeans**. (A / B)
- Brazilians eat rice and **beans**. (A / B)

- My boyfriend has big **feet**. (A / B)
- Excuse me, can I **sit** here? (A / B)
- *Twilight* is in my top **ten** movies. (A / B)
- A **gin** and tonic, please. (A / B)
- What time is **it**? (A / B)

Compare o /i/ curto com o /ii/ longo em pares de palavras parecidas
https://www.englishclub.com/pronunciation/minimal-pairs-i-ee.htm
http://www.youtube.com/watch?v=RZmGzSb-6OM

UNIT 3

1. BRAZILIAN ENGLISH *INGLÊS BRASILEIRO*

Algumas palavras inglesas são usadas na língua portuguesa com um significado um pouco diferente do que em inglês!

EXERCÍCIO 1 Combine as palavras usadas em português com a tradução verdadeira em inglês, por exemplo:

um outdoor = a billboard

um **outdoor**	fashion		a mall*	**a billboard**	a tuxedo
um motoboy	um mailing		a western	on the rocks
caubói	um pen drive		a mailing list	fashionable
um coquetel	um smoking		a cocktail party	a courier
um shopping	vôlei um tênis		a steak	sneakers
um faroeste	um bife		volleyball	a memory stick

EXERCÍCIO 2 Escreva as frases novamente, corrigindo as palavras em itálico. Depois escute as frases corretas para conferir e repetir:

- The students normally wear *tennis* to play *volley.*

- Many *outdoors* advertise *fashion* clothes and shoes.

- Can I have a whisky *cowboy*, please?

- The complete *mailing* is on the *pen drive.*

- We went to the *shopping* to have lunch. I had a *beef* and a salad.

- *Smokings* are compulsory for men at the club *cocktail.*

Assista à aula do professor Marcio Benfica sobre palavras inglesas usadas por brasileiros com sentidos diferentes
http://www.atividadeseducativas.com.br/index.php?id=5824
Observação: Para dizer "tênis", os americanos usam *sneakers* e os britânicos, *trainers*, e não o contrário.

---

* Um shopping também pode ser chamado de *a shopping center.*

2. POSSESSIVES *POSSESSIVOS*

EXERCÍCIO 3 Leia e escute os dois telefonemas e depois complete a tabela a seguir com os adjetivos possessivos (em negrito):

M: Hello. **A:** Good evening, is this Kirvash**'s** house?
M: Yes, it is, but he's not here, sorry.
A: Ok. What's **his** cell phone number?
M: Um... it's in **my** diary, just a moment... here it is... 9176 8425
A: Great, thanks a lot... bye.

K: Hello **A:** Hi Kirvash, it's Az **K:** Hi Az, how are you?
A: Fine thanks. Are you busy (*ocupado*) on 18th?
K: 18th? Yes, No, I'm not busy. Why?
A: There's a party at Nina**'s** house. It's **her** birthday.*
K: Ok, cool. Oh no! It's **our** anniversary* on 18th!
Laura**'s** parents are having a party at **their** house.
A: Ok, no problem, I understand... **K:** Sorry!

Pronoun	I	you	he	she	it	we	they
Possessive Adjective	my				its		

EXERCÍCIO 4 Leia e escute o diálogo novamente. Qual é a diferença entre os exemplos de **'s** em negrito (Kirvash**'s**, Nina**'s**) e os exemplos de 's sublinhados (he's, it's, what's)?

Possessives					
My	/mai/	(*Meu[s] ou Minha[s]*)	**Our**	/auã/	(*Nosso[s] ou Nossa[s]*)
Your	/ior/	(*Seu[s] ou Sua[s]*)	**Your**	/ior/	(*De vocês*)
His	/riz/	(*Dele*)	**Their**	/ther/	(*Deles/Delas*)
Her	/rer/	(*Dela*)			
Its	/its/	(*Dele/Dela - objetos/lugares*)			

* *Anniversary* significa "aniversário de casamento", e *birthday* é "aniversário".

Possessives

- Para dizer **do** ou **da**, como *do João* ou *da Maria*, usa-se **'s** no *final* da palavra:

John's house (*A casa* **do** *João*)

Mary's mother (*A mãe* **da** *Maria*)

The President's decision (*A decisão* **da/do** *Presidente*)

Leo's favorite game (*O jogo preferido* **do** *Leo*)

The company's headquarters (*A sede* **da** *empresa)*

- Para dizer **dos** ou **das**, como *dos quartos* ou *das crianças*, usa-se **s'**.

Compare:

The girl's ball (*A bola* **da** *menina*)

The girls' ball (*A bola* **das** *meninas*)

My mum's house (*A casa* **da** *minha mãe*)

My parents' house (*A casa* **dos** *meus pais*)

EXERCÍCIO 5 Complete as frases a seguir com um dos adjetivos possessivos (**my, your, his, her, its, our, their**) ou com **'s/s'**:

- **A:** Hello, what's __________ name? **B:** Hi, __________ name is Simon.
- This is my brother __________ girlfriend. __________ name is Patrícia.
- Sergio is at __________ house or he's at his girlfriend __________ apartment.
- My parents normally have a Christmas party at __________ house.
- We study English at school. __________ teacher __________ name is Gabriela.
- The students are in __________ second year at university.
- India __________ economy is very strong. __________ GDP is now $2 trillion.
- Alex and Katy like different food; _______ favorite is pizza and _______ favorite is sushi.

PRONUNCIATION *PRONÚNCIA*

Cuidado para não confundir o **'s** que significa **do/da**:

Bob**'s** address (*O endereço* **do** *Bob*)

Martha**'s** car (*O carro* **da** *Marta*)

My dad**'s** aunt (*A tia* **do** *meu pai*)

His mum**'s** name (*O nome* **da** *mãe dele*)

Com o **'s** que é uma abreviação do **is** do verbo *to be*:

His name**'s** Jeff (*O nome dele* **é** *Jeff*)

This book**'s** very good (*Este livro* **é** *muito bom*)

Matt**'s** at home (*Matt* **está** *em casa*)

EXERCÍCIO 6 Escute as frases a seguir e anote se o **'s** que você ouve é possessivo (P) ou abreviação (A):

i. P / A **ii.** P / A **iii.** P / A **iv.** P / A **v.** P / A **vi.** P / A

Responda a perguntas interativas
http://a4esl.org/q/f/z/zz18mdf.htm

Assista a um americano resumindo os possessive adjectives
http://www.multimedia-english.com/contenido/ficha/3-h-possessive-adjectives/760

3. THE FAMILY *A FAMÍLIA*

EXERCÍCIO 7 Veja a árvore genealógica da Elena, leia e escute-a falando sobre seus parentes (**relatives**). Depois escreva as palavras em negrito no texto do lado das traduções. Finalmente, escute e repita as traduções de todas as palavras:

Vania + João

Silvia + Célio Roberto + Renata

'hiago **ELENA** Marina Eva Pedro + Ana Paul:

Hi, my name is Elena, I'm going to tell you about my family. First, my **parents** – my **mother**'s name is Silvia and my **father**'s name is Célio. They are from the south of Brazil, from the state of Rio Grande do Sul. I have a **brother**, called Thiago, who is 13 years old, and a **sister** called Marina, who is 17. My father has a brother, **uncle** Roberto, and his **wife** is my **aunt** Renata. Their children, Eva and Pedro, are our **cousins**. Their apartment is only 2 km from our house. My dad's parents also live in our house; Vania is my **grandmother** and she's 73, and João is my **grandfather** and he's 78. So, that's my family! Bye!

mãe ___________ **pai** ___________ **pais** ___________ **parentes** ___________
filho ___________ **filha** ___________ **irmão** ___________ **irmã** ___________
marido husband **esposa** ___________ **tia** ___________ **tio** ___________
avô ______________ **avó** ______________ **primo/a** ___________

! As formas informais de mother – *mom* (ou *mum*) e de father – *dad* são mais comuns no dia a dia:

My *mum*'s name is Sue and my *dad*'s name is Miles.

His *mom* and *dad* are separated but not divorced.

EXERCÍCIO 8 **Famous families.** Complete as frases sobre os parentes famosos com uma das palavras do exercício anterior. Depois escute todas as frases para conferir e repetir:

- Sandy is Junior's ______________ and Junior is Sandy's ______________
  Chitãozinho is their ______________ and Xororó is their ______________
  Xuxa is Sasha's ______________ and Sasha is Xuxa's ______________
  Beyoncé is Jay-Z's ______________ Jay-Z is Beyoncé's ______________
  Malu Mader is Érika Mader's ______________ Érika is her niece.
- Queen Elizabeth is Prince William's ______________; he is her ______________
  Pedro (Leonardo's son) and Thiago (Leandro's son) are ______

EXERCÍCIO 9 **Memory game (*jogo da memória*).** Escreva todos os parentes em inglês em pedaços de papel (de aproximadamente 6 cm × 2 cm). Divida as palavras em dois grupos: masculino (**dad**, **son**, **uncle** etc.) à direita e feminino (**mum**, **daughter**, **aunt** etc.) à esquerda. **Cousin**, por ser igual para os dois sexos, deve ser escrito duas vezes. Coloque os papéis de cabeça para baixo e vire um do lado direito (por exemplo, **husband**), depois fale a palavra do lado esquerdo que combina (**wife**), antes de tentar achar. Se acertar, tire o par do jogo; se errar, coloque de volta e tente novamente.

EXERCÍCIO 10 **Your family**. Escreva frases sobre a sua família (nomes, idades, de onde vem etc.), incluindo todos os parentes – **grandmother, cousin, aunt** etc. e todas as formas possessivas (menos *your*) – **'s, my, his, her, our, their**:

Exemplos: My aunt's name is Marilde — Her husband's name is Moises

Their son is called Diogo — His sister is called Sabrina

Mais prática para escrever e ouvir sobre as pessoas em uma família
http://www.englishexercises.org/makeagame/viewgame.asp?id=11

Faça as palavras cruzadas
http://www.esltower.com/VOCABSHEETS/family/Family%20Crossword.pdf

4. THE PRESENT SIMPLE – I, YOU, WE, THEY *O PRESENTE*

EXERCÍCIO 11 Leia e escute duas vezes Pam falando sobre sua família, sublinhe todos os verbos no texto (como já foi feito na primeira frase) e as respectivas traduções na versão em português:

Well, my name is Pam, my husband's name is Mario and we live in New Jersey. I work as a hospital administrator and Mario works for a construction company. We have one son, his name is Tom, and one daughter, her name is Charlene. They study at a local school, and their friends normally come to play at our house in the afternoons. At the weekend we like to play tennis or go to the park with the kids. In the evening we go to a bar or a club (when we have a babysitter), or friends come to our house to eat something or watch a film.

Bem, o meu nome é Pam, o nome do meu marido é Mario e moramos em New Jersey. Eu trabalho como administradora em um hospital, e Mario trabalha em uma empresa de construção. Nós temos um filho, o nome dele é Tom, e uma filha, o nome dela é Charlene. Eles estudam em um colégio do bairro, e normalmente os amigos deles vêm brincar em nossa casa às tardes. No fim de semana gostamos de jogar tênis ou ir ao parque com as crianças. À noite vamos para um bar ou uma boate (quando temos uma babá), ou amigos vêm para nossa casa para comer algo ou assistir a um filme.

EXERCÍCIO 12 Leia as frases a seguir e decida quais são: verdadeiro (V), falso (F) ou não sabe (NS):

a. Pam's husband's name is Mario. (_ _ _)
b. They live in the state of New York. (_ _ _)
c. Pam and Mario have 3 children. (_ _ _)
d. Their children study at public school. (_ _ _)
e. They go to the park at the weekend. (_ _ _)
f. They work in a hospital. (_ _ _)
g. Their children like tennis. (_ _ _)
h. They have problems with the babysitter. (....)
i. Their son's name is Charlene. (_ _ _)
j. Their friends come to their house to eat. (_ _ _)

EXERCÍCIO 13 Leia o texto novamente e circule todos os exemplos das formas possessivas (como já foi feito na primeira linha do texto).

EXERCÍCIO 14 Agora escute a Pam falando outra vez e anote as 12 diferenças em relação ao texto original. Por exemplo:

Her husband's name is Mario → Her husband's name is Paulo

The Present Simple – I, You, We, They

Para os pronomes plurais (*I, you, we, they*), usa-se a mesma forma básica:

I	**like**
You	**have**
We	**work**
They	**go**

Como na língua portuguesa, esse tempo verbal é usado principalmente para:

- *Fatos ou estados permanentes:*

  Insects **have** 6 legs   I **work** for *TIM*   Katie and Russell **live** in LA

- *Hábitos, ações repetidas com frequência* (veja também página 56):

  I **eat** a lot of McDonald's.   We **play** tennis on Sundays.   I **watch** TV every day

EXERCÍCIO 15 **About my life (*sobre minha vida*).** Escreva frases curtas sobre sua vida, como no texto da Pam, usando todos os verbos além dos pronomes **I**, **we** e **they**. Por exemplo*:*

I live in Salvador in the state of Bahia. I work in a bank.
My children like video games. They play every day

EXERCÍCIO 16 **Which one doesn't match? (*qual não combina?*).** Decida qual das quatro opções não combina com o verbo, por exemplo:

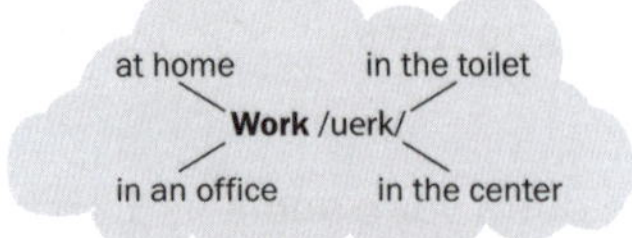

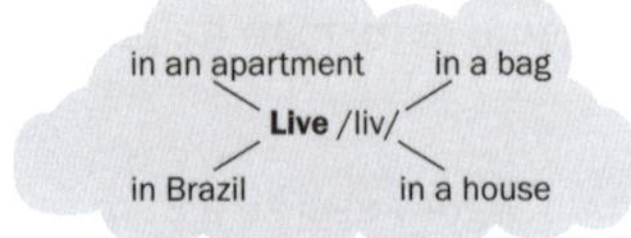

work at home ✓   work in an office ✓
work in the toilet ✗   work in the center ✓

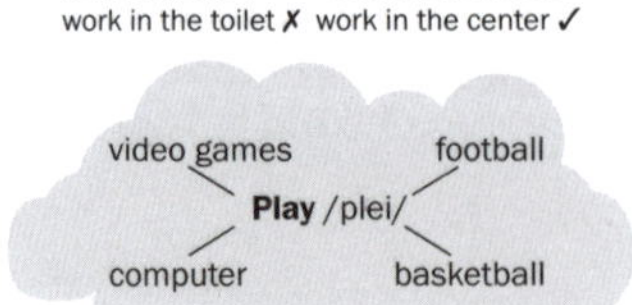

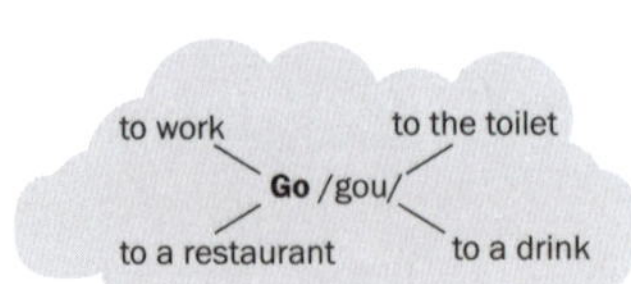

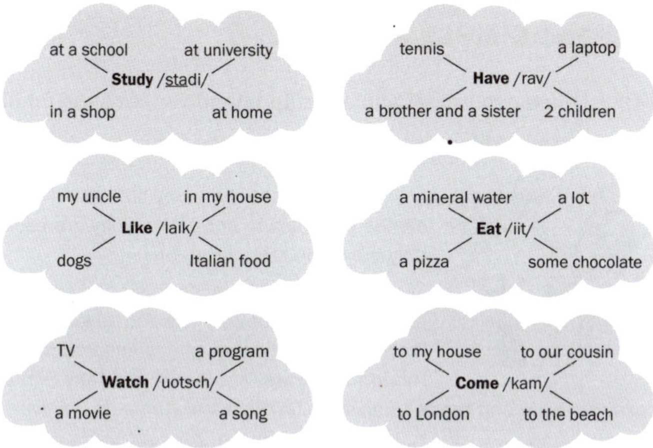

5. PRONUNCIATION – WORD STRESS (1) *PRONÚNCIA – ÊNFASE EM PALAVRAS (1)*

Como na língua portuguesa, palavras com mais de uma sílaba têm uma delas tônica, aquela que se fala com um pouco mais força ou maior duração. Primeiro, é preciso sempre anotar palavras no seu caderno com a ênfase marcada da forma mais fácil para você. Entre as opções:

afternoon (usada neste livro) re'lax (usada em dicionários)

comPUter grándfather **pro**gram

A ênfase pode também fazer parte de uma transcrição fonética (no caso deste livro, o som é escrito como um brasileiro ouve):

cousin /kazãn/ machine /mã'chiin/ October /ok**tou**bã/ cartoon /kartún/

EXERCÍCIO 17 Escute e repita as palavras a seguir e sublinhe a sílaba tônica (como já foi feito na palavra email):

email T-shirt hotel CD player police Canada elevator menu internet Portuguese sofa supermarket university boyfriend

Confira as respostas e as traduções, e depois repita as palavras várias vezes:

- Com uma ênfase bem exagerada – quase gritando a parte com ênfase.
- Batendo palmas ou as mãos nas coxas para marcar a ênfase.
- Levantando um pouco da cadeira na parte com mais ênfase.

6. THE PRESENT SIMPLE – HE, SHE, IT *O PRESENTE*

EXERCÍCIO 18 Leia e escute um adolescente falando sobre seus irmãos, Luciano e Maya, e veja as formas diferentes dos verbos em negrito:

This is a photo of me, my brother and my sister....their names are Luciano and Maya. They are good friends, but they are completely different.

My brother **likes** dance music and sport, especially football. He **has** about 200 CDs and he **goes** to a lot of shows. He **plays** a lot of video games and **watches** TV every day. He normally **eats** fast food and **drinks** Sprite. He **studies** for about 10 minutes a day and **reads** comics like *Garfield* and *Turma da Mônica.*

My sister **likes** books and movies, especially romantic stories. She **has** about 500 books and she **goes** to the cinema every week. She **plays** volleyball and she **goes** to the gym. She normally **eats** salads and **drinks** mineral water. She **studies** for about 4 hours a day and **reads** classic literature in her free time.

a lot of (*muito[s]/muita[s]*) **to drink** (*beber*) **about** (*cerca de*) **to read** (*ler*)

EXERCÍCIO 19 Leia e escute o texto novamente e complete a tabela sobre as diferenças entre os irmãos:

	Luciano	Maya
1.	.... He likes music.....	..... She likes books .....
2.		
3.		
4.		
5.		
6.		
7.		
8.		

Present Simple – He, She, It

Para os pronomes *he*, *she* e *it*, a maioria dos verbos recebe um **s:**

He	lives
She	works
It	eats

! Alguns verbos têm uma forma irregular:

(Have) He **has** /raz/ (Go) She **goes** /gouz/ (Do) It **does** /daz/

Present Simple – He, She, It

De acordo com as regras já apresentadas na página 23, os verbos que terminam em:

- **Consoante + y → -ies** no lugar do *y*:
  study → He/She/It stud**ies**, worry (*se preocupar*) → He/She/It worr**ies**
- **Vogal + y →** não mudam:
  play → He/She/It play**s**, enjoy → He/She/It enjoy**s**
- **Sons de /s/, /ch/, /tch/, /eks/ ou /z/ → adiciona-se -es** no final:
  watch → He/She/It watch**es**, finish (*terminar*) → He/She/It finish**es**
  kiss → He/She/It kiss**es**, mix (*misturar*) → He/She/It mix**es**

EXERCÍCIO 20 Escolha a opção correta para completar as frases a seguir. Depois escute e repita as frases completas:

- We *lives/live/go/goes* 5 km from the centre, so we *lives/live/go/goes* to work by bus.
- My brother *study/studies/studys* at university and *work/works/workes* in the evening.
- The hotel *has/have/is/are* a pool and there *has/have/is/are* a good restaurant.
- At the weekend they *watch/watches/play* TV and *watch/play/plays* video games.
- *Come/comes/go/goes* here! I *like/likes/have/has* a present for you.
- Dani *live/lives/like/likes* Japanese food. She *eat/eats/go/goes* sushi every week.

EXERCÍCIO 21 **Verb game – with two dice (*com dois dados*).** Jogue os dois dados e some o total (por exemplo, 3 + 1 = **4**); procure o verbo na tabela a seguir com o número correspondente (por exemplo, 4 = **work**);

1 X	**4** WORK	**7** HAVE	**10** BE
2 COME	**5** GO	**8** LIKE	**11** STUDY
3 EAT	**6** PLAY	**9** LIVE	**12** WATCH

Depois jogue um dado e procure o pronome na seguinte lista (por exemplo, 5 = he):

1 = I 2 = you 3 = we 4 = they 5 = he 6 = she

Escreva e fale em voz alta frases que combinam o verbo e o pronome:

He works in a bank, He works in Canoas, He works with me

Depois de jogar algumas vezes, você pode substituir os pronomes por nomes de pessoas (que você conhece), por exemplo:

1 = Paula **2 = My mother** **3 = Bruna and Flávio**
4 = Me and my friends **5 = Márcio's aunt** **6 = My boss/teacher**

Assista à aula da EiP Consultoria
http://www.youtube.com/watch?v=NOPvnVm8QRM

Jogo de dominó (é preciso imprimir)
http://www.josivaldoxp.com/2009/02/ingles-simple-present-regras-e-jogo-de.html

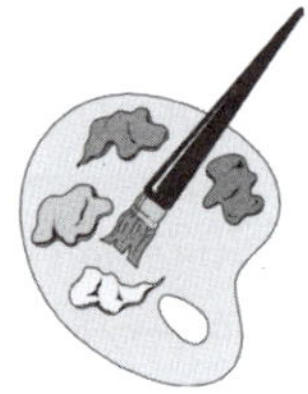

7. THE COLORS *AS CORES*

EXERCÍCIO 22 Quem gosta de música certamente já conhece muitas cores em inglês! Complete os nomes de músicos/músicas, depois escute para conferir e repetir:

cinza = Macy Gray **vermelho** = __________ Hot Chilli Peppers **verde** = __________ Day

preto = __________ Eyed Peas **amarelo** = __________ Submarine (*The Beatles*)

roxo = __________ Rain (*Prince*) **cor de rosa** = __________ Floyd

branco = Black or __________ (*Michael Jackson*) **marrom** = Charlie __________ Júnior

azul = Baby's got __________ eyes (*Elton John*) **laranja** = Orange Crush (*REM*)

EXERCÍCIO 23 **What color? (*que cor?*).** Escreva a cor produzida:

Red + blue = ____________________ Blue + yellow = ____________________

Black + white = ____________________ Red + yellow = ____________________

White + red = ____________________ Red + blue + yellow = ____________________

Purple – blue = ____________________ Green – yellow = ____________________

Orange – red = ____________________ Pink – white = ____________________

EXERCÍCIO 24 **Colors + Things.** Combine os objetos na lista a seguir (ou outros objetos) com uma das cores. Veja como na língua inglesa, como todo adjetivo, a cor vem **antes** do objeto, por exemplo:

um carro branco = **a white car** (*não* a car white) uma casa azul = **a blue house**

car **room** **bike** **jacket** **dog** **pen** **sofa** **fridge**

cell phone **computer** **bag** **jeans** **sneakers** **house**

Música infantil, mas com bastante repetição das cores
http://www.youtube.com/watch?v=cyolmlXFBYY

Jogo para praticar as cores
http://englishflashgames.blogspot.com/2008/05/colours-game.html

8. PRONUNCIATION – TH *PRONÚNCIA – TH*

Algumas dicas para ajudar na pronúncia desse som difícil:

- Segure a pontinha da língua com os dentes e deixe o ar sair da boca para criar um som contínuo de "thththth". Depois fale uma palavra que começa com th:

*ththth*think *ththth*three *ththth*thanks

- Imagine que você está falando com a língua presa: *thopa de thebola com thenoura*
- Para não falar /f/ em vez de /th/, segure o lábio inferior para não o deixar enrolar atrás dos dentes superiores.

Existem duas pronúncias de /**th**/, uma com uma vibração na garganta (***sonoro***) e a outra sem a vibração (***surdo***). Para entender melhor, fale o som de /zzzz/ e toque na garganta para sentir a vibração; depois fale o som de /sssss/ para sentir a diferença.

EXERCÍCIO 25 Escute e repita exemplos dos dois tipos:

Sonoro	**the**	**they**	**brother**	**with**	**there**	**this**	**that**	**then**	**mother**
Surdo	**three**	**thank you**	**both**	**bathroom**	**think**	**thing**	**Thursday**		

FORWARDS/BACKWARDS DRILL *REPETIÇÃO PARA FRENTE OU PARA TRÁS*

Para repetir frases completas, uma técnica eficiente é construir a frase palavra por palavra, por exemplo:

Thank… thank you… thank you for… thank you for your… thank you for your help

Too… you too… meet you too… to meet you too… nice to meet you too

EXERCÍCIO 26 Repita as frases com o som de /**th**/ a seguir, construindo para frente ou para trás:

- Both the rooms have a bathroom.
- I think she has three brothers.
- This book is for my mother and father.
- Thanks for everything. See you on Thursday.
- My father's birthday is on 3rd February.
- Let's get together another day.

EXERCÍCIO 27 Leia e escute as frases a seguir. A primeira vez, cada frase apresenta um erro diferente da pronúncia de /**th**/; identifique primeiro o erro e depois qual dos sons (/**s**/, /**f**/, /**z**/ ou /**t**/) é usado no lugar do /**th**/:

I. **A:** Three pizzas with extra cheese? **B:** Yes. Thank you.
II. I think all the rooms in the hotel have a bathroom.
III. On Thursday my children finish school at 3.30.
IV. I prefer this book to the other one we use at school.

Confira as respostas e depois escute as frases com a pronúncia correta de /**th**/.

Assista à explicação da diferença entre *th* sonoro e mudo
http://www.youtube.com/watch?v=3-oGVOLKpUo

UNIT 4

1. THE DAYS OF THE WEEK *OS DIAS DA SEMANA*

EXERCÍCIO 1 Leia e repita os dias da semana. Depois escute na ordem correta, começando com segunda-feira e terminando com o fim de semana, e escreva nos espaços:

Wednesday /<u>uen</u>sdei/ **Sunday** /<u>san</u>dei/ **Friday** /<u>frai</u>dei/
Tuesday /<u>tiuz</u>dei/ **Monday** /<u>man</u>dei/ **Thursday** /<u>therz</u>dei/
Saturday /<u>sat</u>ãdei/ **the weekend** /<u>uik</u>end/

______________________, ______________________, ______________________, ______________________,
______________________, ______________________, ______________________, (______________________).

- Lembre-se de que em inglês os dias da semana, bem como os meses (veja a página 55), são sempre escritos com a inicial em maiúscula: Today is **M**onday 3rd **J**uly.
- A preposição para dizer *na* segunda, *na* terça etc. é ***on***:

We study English **on** Mondays. They watch TV **on** Saturdays.

EXERCÍCIO 2 **Repetition.** Faça repetição variada para memorizar os dias da semana:

- Leia os dias da semana na mesma ordem cinco vezes.
- Leia mais cinco vezes ao contrário.
- Fale cinco vezes de cor.
- Escolha dias em português ao acaso, traduza e repita cinco vezes.

Dice game (*jogo com dado*). Jogue um dado e fale cinco vezes o dia em inglês de acordo com o exemplo a seguir:

 = segunda  = terça  = quarta
 = quinta  = sexta  = sábado e domingo

EXERCÍCIO 3 **Crossword.*** Complete com os demais dias da semana:

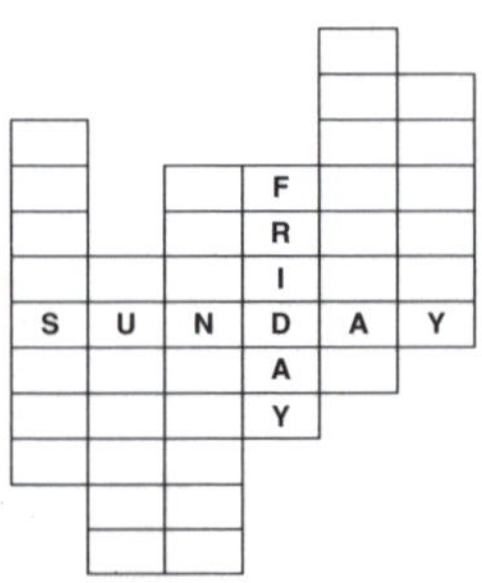

---

* Esta palavra cruzada é do livro *Get Started* (publicado pela Editora OUP).

Jogo para escrever os dias
http://www.manythings.org/cts/sc999.htm

Cante junto com o *Days of the Week Rap* do Jack Hartmann
https://www.youtube.com/watch?v=kDLsltW3Mvo

2. THE PRESENT SIMPLE – QUESTIONS O PRESENTE – PERGUNTAS

EXERCÍCIO 4 Leia e escute um homem respondendo a perguntas sobre a sua vida (depois veja a tabela a seguir):

A: Do you live in *a house or an apartment*? **B:** I live in a house with my wife.
A: Does your *wife* work? **B:** Yes, she's a nutritionist.
A: Do you have any *children*? **B:** Yes, we have twin daughters.
A: Do they study *at school*? **B:** No, they're at university.
A: Do you have any *pets*? **B:** Yes, we have two dogs.
A: Does your house have a *garden*? **B:** Yes, it has a big garden.
A: Do you like *travelling*? **B:** Yes, we go away every year.

Qual é a diferença entre **do** e **does** para fazer perguntas no ***present simple***?

EXERCÍCIO 5 Escute o diálogo novamente e repita as perguntas e respostas. Depois escreva as frases novamente com uma alternativa para as palavras grifadas, por exemplo:

Do you live in <u>the centre of São Paulo</u>? Does your <u>father</u> work?

Present Simple – Questions

- Para fazer uma pergunta com quase todos os verbos no *Present Simple*, é preciso inserir o auxiliar **do** antes dos pronomes **I**, **you**, **we** e **they**:
  - You like cats (*Você gosta de gatos*) → **Do** you like cats? (*Você gosta de gatos***?**)
  - They study hard (*Eles estudam muito*) → **Do** they study hard? (*Eles estudam muito***?**)
  - We eat together (*Comemos juntos*) → **Do** we eat together? (*Comemos juntos***?**)
  - I have time (*Eu tenho tempo*) → **Do** I have time? (*Eu tenho tempo***?**)
- Antes dos pronomes **he**, **she** e **it**, é preciso inserir o auxiliar **does**. Como já tem um "s" no *does*, o verbo fica na forma básica:
  - He studies hard (*Ele estuda muito*) → **Does** he **study** hard? (*Não* stud**ies**)
  - She works for Sony (*Ela trabalha na Sony*) → **Does** she **work** for Sony?
  - It rains a lot (*Chove muito*) → **Does** it **rain** a lot?
- Mesmo com uma pessoa ou coisa no lugar do pronome, usa-se *do* ou *does*:
  - My dad likes cooking → **Does your dad** like cooking?
  - Bob and Betty work at home → **Do Bob and Betty** work at home?
  - The apartment has an elevator → **Does the apartment** have an elevator?

EXERCÍCIO 6 Escreva as frases no **Present Simple** a seguir em forma de perguntas, por exemplo:

He lives in São Paulo. → *Does he live in São Paulo?*

- They have a reservation. → ____________________?
- He goes to church on Sundays. → ____________________?
- Alessia studies Japanese at university. → ____________________?
- You work in the centre of Lima. → ____________________?
- Mike and Letty want to be rich. → ____________________?
- Your parents come to visit you. → ____________________?
- Their daughter reads a lot. → ____________________?
- They drink alcohol in Saudi Arabia. → ____________________?
- Sabrina likes living in Belém. → ____________________?
- Brazilians eat a lot of fish. → ____________________?

EXERCÍCIO 7 **General knowledge quiz (*questões de conhecimento geral*).** Primeiro, complete as questões a seguir com **do** ou **does**. Depois escute para conferir e repetir as questões, e responda **yes** (Y) ou **no** (N):

..*Do*.. people in Colombia speak Spanish? (Y/N)
-------- the President of the USA live in the White House? (Y/N)
-------- Superman work for a magazine? (Y/N)
-------- the French play rugby? (Y/N)
-------- William Bonner read the news on *Band TV?* (Y/N)
-------- an entomologist study insects? (Y/N)
-------- Homer Simpson drink *Heineken?* (Y/N)
-------- the Japanese make *Kia* cars? (Y/N)
-------- Denmark have a royal family? (Y/N)
-------- Penguins live in the North Pole? (Y/N)

PRONUNCIATION *PRONÚNCIA*

Em conversas do dia a dia, há algumas mudanças na pronúncia de ***do*** e ***does***, mais uma vez porque normalmente são palavras *sem* ênfase:

Do /**du**/ muda para /**dã**/.

Escute e repita:

Do they have a car? **Do** we work on Saturdays? **Do** Jack and Tina live here?

Como já vimos na página 22, o pronome you também muda de pronúncia (/iã/), o que pode dar uma combinação de do you? /dã iã/.

Escute e repita:

Do you play football? **Do you** like *pagode*? **Do you** have any money?

Does /**daz**/ não muda de pronúncia, mas faz uma conexão com o *he/she/it*.

Escute e repita:

Does he? /**dazii**/ Does she? /**dachii**/ Does it? /**dazit**/

Does he speak English? **Does she** play golf? **Does it** open today?

A 'Tia do Inglês' explica a diferença entre *do* e *does*
https://www.youtube.com/watch?v=KZVIJL6I4fE

Pratique mais questões com *do* e *does*
http://www.englisch-hilfen.de/en/exercises/questions/simple_present.htm

3. NUMBERS 21+ *NÚMEROS 21+*

EXERCÍCIO 8 Escreva os números por extenso ao lado dos algarismos. Escute para conferir e repetir:

sixty /siksti/ **ninety** /nainti/ **thirty** /therti/ **a thousand** /ã thauzãnd/
eighty /eiti/ **a hundred** /ã randrãd/ **fifty** /fifti/ **seventy** /sevãnti/
a million /ã miliãn/ **forty** /forti/

30 ......thirty...... 40 .... 50 .... 60 ....
70 .... 80 .... 90 .... 100 ....
1000 ......a thousand...... 1,000,000* ....

Para formar os números com dezenas, adicione os números de 1 a 9:

Twenty		**one**	Exemplos:	24 = twenty-four
Thirty		**two**		32 = thirty-two
Forty		**three**		45 = forty-five
Fifty	+	**four**		58 = fifty-eight
Sixty		**five**		63 = sixty-three
Seventy		**six**		77 = seventy-seven
Eighty		**seven**		89 = eighty-nine
Ninety		**eight**		96 = ninety-six
		nine		

* Os números de cinco ou mais dígitos são divididos por vírgulas na casa dos milhares: 10,000; 24,600; 330,000. Por outro lado, a vírgula decimal em inglês é escrita com um ponto, e chamamos de **point**: 3.14 = three *point* one four; 8.5 = eight point five; 36.2 = thirty-six point two.

PRONUNCIATION *PRONÚNCIA*

A ênfase em todas as dezenas cai na primeira sílaba: thirty, fifty, ninety etc. Os números entre 13 e 19, por outro lado, têm a ênfase na última sílaba: thirteen, fifteen, nineteen etc.

EXERCÍCIO 9 Escute e repita os números em pares: 13 - 30, 14 - 40, 15 - 50 etc., prestando bastante atenção na ênfase correta.

Para os números acima de 100, os britânicos adicionam a palavra **and** antes da dezena (muitos americanos não), como se faz na língua portuguesa:

Cento **e** dez = a hundred (**and**) ten

Trezentos **e** noventa = three hundred (**and**) ninety

Dois mil novecentos **e** oito = two thousand, nine hundred (**and**) eight

EXERCÍCIO 10 Escreva os números a seguir por extenso, depois escute para conferir e repetir:

44 = ______________ **81 =** ______________ **29 =** ______________
33 = ______________ **92 =** ______________ **78 =** ______________
56 = ______________ **65 =** ______________ **22 =** ______________
117 = ______________________ **455 =** ______________________
1748 = ______________________ **5392 =** ______________________

EXERCÍCIO 11 Escute e repita os números a seguir, depois escreva na coluna certa na tabela, de acordo com as categorias. Use as palavras **dollars**, **pounds** /paundz/ (*libras*) e **degrees** /digriiz/ (*graus*):

$6.99 26° 8.55 400,000 15 £30,000 34° 3,000,000 6.45 72

price	age	time	temperature	population
$6.99	________	________	________	________
________	________	________	________	________

EXERCÍCIO 12 Conte de 1 a 100 três vezes para frente e depois três vezes de trás para frente.

EXERCÍCIO 13 **Number grid.** Use o quadro a seguir para falar os números um por um (aleatoriamente), riscando o número depois de repetir várias vezes em voz alta:

1	2	3	4	5	6	7	8	9	10
11	12	13	14	15	16	17	18	19	20
21	22	23	24	25	26	27	28	29	30
31	32	33	34	35	36	37	38	39	40
41	42	43	44	45	46	47	48	49	50
51	52	53	54	55	56	57	58	59	60
61	62	63	64	65	66	67	68	69	70
71	72	73	74	75	76	77	78	79	80
81	82	83	84	85	86	87	88	89	90
91	92	93	94	95	96	97	98	99	100

Escute e repita uma variedade de números acima de 20 (inglês americano)
http://www.youtube.com/watch?v=alyzuz0UqZ8

4. WH- QUESTIONS (1) *PERGUNTAS COM WH- (1)*

What? *O que* **Where**? *Onde* **When**? *Quando*

EXERCÍCIO 14 Escreva as palavras a seguir abaixo das imagens:

at Oxford University **a doctor** **in Rio de Janeiro** **a hairdresser**
at Christmas **in Argentina** **in October** **fish and chips**

a. ....

b. ....

c. ....

d. ....

e. ....

f. ....

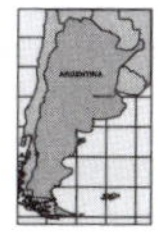
g. ....

h. ....

EXERCÍCIO 15 Leia e escute as perguntas com **wh-** a seguir e use as palavras das imagens para escrever respostas completas, por exemplo:

What do you do? = I'm a hairdresser. (d)

What do you do? When do people give presents? Where does he study? Where do Eva and Paulo live? When do you have a holiday? What does your wife do? What do you want for lunch? Where does the *Tango* come from?

EXERCÍCIO 16 Escreva uma pergunta para combinar com cada resposta, prestando atenção no trecho em negrito:

- When ______________________________? They start university **in September**.
- Where ______________________________? We go **to Miami** for our holidays.
- ______________________________? We watch the **news and movies**.
- ______________________________? I live **in a town called Brusque**.
- ______________________________? Tourists come here **in January**.
- ______________________________? She normally has **yoghurt** for breakfast.
- ______________________________? My wife is a **journalist**.
- ______________________________? Ricardo works in **Santos**.
- ______________________________? They study **business administration**.
- ______________________________? We buy our fruit **in the market**.

5. POLITE INTONATION *ENTONAÇÃO EDUCADA*

Para mostrar educação em inglês, as perguntas geralmente têm uma entonação bastante marcada, começando em um tom alto e descendo apenas na última sílaba da questão.

EXERCÍCIO 17 Leia e escute os exemplos:

Excuse me... do you have the time, please?
When does the flight arrive?
What would you like to eat?
Does the room have a TV?
Are you hungry?
Excuse me... do you know where the exit is?

Assista ao vídeo engraçado deste inglês maluquinho; não precisa entender tudo, só preste atenção aos exemplos de entonação (a partir de 2'35")
http://www.youtube.com/watch?v=GPcBJfBTINo

6. VERBS FOR A TYPICAL DAY *VERBOS PARA UM DIA TÍPICO*

EXERCÍCIO 18 Leia e escute uma pessoa falando do seu dia típico, confira a tradução, depois escute novamente e escreva respostas às perguntas de compreensão:

On a typical day I get up at 7 o'clock, have a shower and put on my clothes. Me and my wife have breakfast, normally toast and orange juice, then we leave the house at about 8. She goes to work by bus, but my office is very near our house, so I go on foot. I start work at 8.30 and when I arrive I make some coffee and read my emails. Then I speak to my colleagues about our important projects and I write a plan for the rest of the day. We have meetings with clients, write reports and sometimes we speak to our suppliers on the phone. At about 12.30, I have lunch; normally I just buy a sandwich and some fruit at the supermarket, or I go to a restaurant with clients. In the afternoon we visit the factory or work on designs for new products. I finish work at about 5.30, then I go home and make dinner. When my wife arrives, we have a glass of wine and talk about our day. In the evening we watch TV or listen to music, then we go to bed at about 10 and read until it's time to sleep. That's my typical day!

Em um dia típico, eu levanto às 7 horas, tomo banho e me visto. Eu e minha esposa tomamos café da manhã, normalmente torradas e suco de laranja, e saímos de casa às 8 horas mais ou menos. Ela vai para o trabalho de ônibus, mas meu escritório fica perto da nossa casa, então eu vou a pé. Começo a trabalhar às 8.30, e quando eu chego faço café e leio meus emails. Depois falo com meus colegas sobre nossos projetos importantes e escrevo um plano para o resto do dia, e falamos com nossos fornecedores por telefone. Eu almoço mais ou menos às 12.30; normalmente só compro um sanduíche e uma fruta no supermercado, ou vou a um restaurante com clientes. À tarde, visitamos a fábrica ou trabalhamos no projeto de produtos novos. Termino meu serviço por volta das 17.30, e então vou para casa para fazer o jantar. Quando minha esposa chega, tomamos uma taça de vinho e conversamos sobre nosso dia. À noite assistimos televisão ou escutamos uma música, vamos para a cama às 22 horas e lemos até a hora de dormir. Esse é meu dia típico!

What do they have for breakfast? *They normally have toast and orange juice.*

When does he start work? ....

Does he drive to the office? ....

Does his wife go to work by train? ....

What does he do when he arrives at work? ....

What does he have for lunch? ....

Where does he go in the afternoon? ....

When does he finish work? ....

Do they make dinner together? (*juntos*) ....

What do they do in the evening? ....

! Memory tip (*dica de memória*). Para estudar uma lista típica de palavras novas, com o português de um lado e a tradução em inglês do outro, recorra à seguinte técnica: prepare um pedaço de papelão da largura do seu caderno, na forma de um L, de modo que você consiga ver a palavra em português mas não em inglês, ou, quando ele é virado, ver o inglês mas não o português:

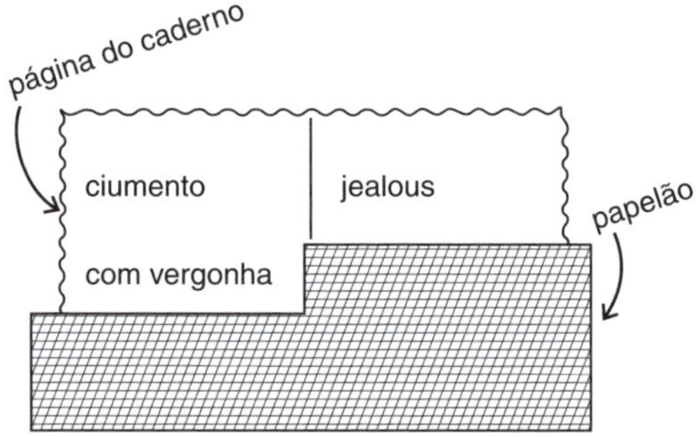

EXERCÍCIO 19 **Your typical day.** Escreva sobre seu dia típico, usando as pistas entre parênteses e adicionando mais detalhes quando possível. Depois repita tudo três vezes:

I am a __________________ (*occupation*) and live in __________________ (*city*) with (*person/people*). From Monday to Friday, I normally get up at _____________ (*time*), and first I _______________ _______________ (*verb*).

I normally have ______________ and ______________ (*food and drink*) for breakfast at _____________ (*place*) with _____________ (*person*)/alone. I normally leave home at _________________ (*time*) and go to ___________________ (*work/school/university*) by (*transport*). It takes about _____________ (*number*) minutes to get there.

When I arrive at ____________________ (*work/school/university*), first of all I (*verb*). Then I normally ______________________ (*verb*).

I finish at ___________________ (*time*), then I go ___________________ (*place*).

At the weekend I normally _________________ (*verb*) and _________________ (*verb*).

EXERCÍCIO 20 **Get the money! (*pegue o dinheiro*).** Cruze de um lado para o outro em qualquer direção (horizontal, vertical ou diagonal). Escolha um dos verbos para começar, traduza o verbo para o inglês e depois formule dois exemplos usando o verbo, por exemplo:

Estudar → *I study English at Fisk. Pedro studies biology at university.*

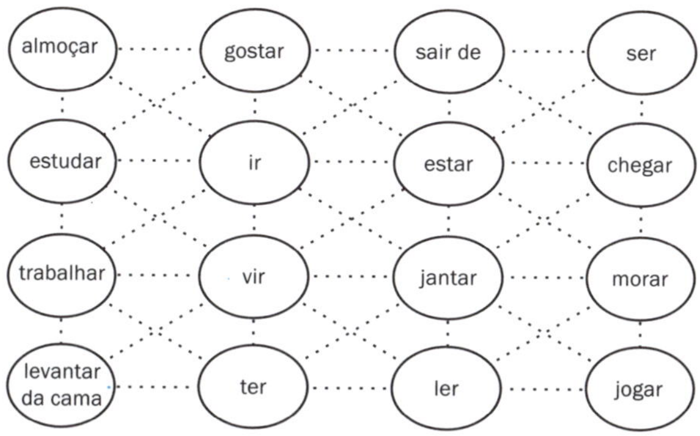

Jogo de combinar imagens e ações de um dia típico
https://learnenglishkids.britishcouncil.org/en/word-games/daily-routines

Jogo de memória com ações de um dia típico
https://matchthememory.com/dailyroutines2

7. THE MONTHS OF THE YEAR *OS MESES DO ANO*

EXERCÍCIO 21 Escute e repita várias vezes:

January /djaniãri/ **February** /febiãri/ **March** /martsh/ **April** /eiprãl/
May /mei/ **June** /djuun/ **July** /djulai/ **August** /orgãst/
September /septembã/ **October** /oktoubã/
November /nouvembã/ **December** /disembã/

EXERCÍCIO 22 **Word search (*caça-palavras*).** Procure os 12 meses na tabela:

S	E	P	T	E	M	B	E	R	A	R	C
D	E	C	E	M	B	E	R	J	U	L	Y
H	J	U	K	E	S	M	A	V	G	R	O
E	M	B	O	T	C	A	N	T	U	P	C
J	A	N	U	A	R	Y	D	I	S	A	T
A	R	S	E	S	I	N	V	E	T	N	O
L	C	S	E	P	O	C	A	W	F	E	B
D	H	C	B	N	O	V	O	P	E	R	E
F	D	J	U	O	B	E	R	E	R	A	R
M	A	U	F	A	P	R	I	N	D	I	L
A	Q	N	O	V	E	M	B	E	R	X	L
R	A	E	C	F	E	B	R	U	A	R	Y

EXERCÍCIO 23 **When is....?** Escute e repita as perguntas com **when** e escreva o mês apropriado:

- When is Christmas? → In December
- When is Carnival? [x2] ------------------------------------.
- When do you celebrate the Proclamation of the Republic of Brazil? ----------------.
- When is Children's Day? ------------------------------------.
- When is New Year's day? ------------------------------------.
- When does the World Cup start/finish? [x2] ------------------------------------.
- When is Easter (*Páscoa*) [x2]? ------------------------------------.
- When is Brazilian Independence Day? ------------------------------------.

Joguinho de selecionar as letras corretas para escrever os meses
http://www.manythings.org/vocabulary/games/b/words.php?f=months

8. PRONUNCIATION – FAMILIES (1) *PRONÚNCIA – PALAVRAS COM PADRÃO DE PRONÚNCIA (1)*

Existem na língua inglesa alguns grupos de palavras que compartilham um padrão de pronúncia, o que pode ajudar a descobrir a pronúncia de palavras novas. Por exemplo, a combinação das letras **–ight** produz o som de /**ait**/ em uma variedade de palavras:

night /**nait**/ (*noite*) right /**wrait**/ (*direito, correto*) frightened /**<u>frait</u>ãnd**/ (*com medo*)

EXERCÍCIO 24 Escreva a pronúncia das palavras a seguir, sublinhando a tonicidade. Depois escute para conferir a pronúncia e repetir:

light /---------/ (*luz, leve*) **fight** /---------/ (*lutar/luto*) **tight** /---------/ (*apertado*)
bright /---------/ (*brilhante*) **sightseeing** /----------------/ (*ver pontos turísticos*)
flight /---------/ (*voo*) **alright** /---------/ (*tudo bem*) **lighter** /---------/ (*isqueiro*)

9. ADVERBS OF FREQUENCY *ADVÉRBIOS DE FREQUÊNCIA*

EXERCÍCIO 25 Escute e repita os advérbios na escala a seguir e depois escreva a tradução e a pronúncia ao lado das palavras em português:

rarely sometimes normally

0% NEVER — hardly ever — 50% — often — usually — ALWAYS 100%

Normalmente = normally /normãlj/ ou ______________ /______________/

Nunca = ______________ /______________/ Muitas vezes = ______________ /______________/

Às vezes = ______________ /______________/ Raramente = ______________ /______________/

Sempre = ______________ /______________/ Quase nunca = ______________ /______________/

EXERCÍCIO 26 **Questionnaire.** Primeiro, leia as perguntas a seguir sobre hábitos do dia a dia. Depois escute a Siena respondendo às perguntas e anote a frequência na tabela:

	Siena	You	Friend
Do you get up early in the morning?	always		
Do you read the newspaper?			
Are you late for work/school?			
Do you listen to music when you study?			
Do you drink coffee for breakfast?			
Do you go to the gym?			
Do you make the dinner?			
Do you have a shower in the morning?			
Do you sleep in pajamas?			
Are you at home on Saturday night?			
Do you work/study at the weekend?			
Do you go to bed late?			

EXERCÍCIO 27 Repita todas as perguntas, escrevendo as suas respostas na segunda coluna. Na terceira coluna, escreva as respostas de um(a) amigo(a), mas primeiro mude **do you** para **does he/she** e repita as perguntas – por exemplo:

Does he get up early? Does she read the newspaper?

Veja as respostas da Siena na página 182, escute novamente e responda à pergunta: Qual é a posição do advérbio na frase?

- Em geral, o advérbio vem **antes do verbo**:

  I **sometimes** play football. We **always** stay in a hotel. They **often** go surfing.

- A exceção é o verbo **to be** – com ele, os advérbios vêm **depois do verbo**:

  She is **never** at home. Fred's **always** happy. They're **often** in the bar.

- Os advérbios positivos também podem ser usados no começo da frase, com exceção de *always*:

  Normally she goes to the beach. **Often** they take a taxi. **Sometimes** we go out.

EXERCÍCIO 28 Escreva as frases do exercício anterior sobre Siena, você e seu/a amigo/a, inserindo na posição correta da frase o advérbio que você escreveu na tabela. Depois repita as frases em voz alta, por exemplo:

I usually get up early. Siena never goes to the gym.
Marcelo often goes to bed late.

EXERCÍCIO 29 Escreva as frases a seguir novamente, incluindo a tradução da palavra entre parênteses. Quando for um advérbio que também pode ser usado no começo, escreva a frase duas vezes, por exemplo:

- He starts work at 9.00 (*às vezes*) → *He sometimes starts work at 9.00 ou Sometimes he starts work at 9.00*
- We get up late at the weekend. (*sempre*) → ------------------------------------
- They have lunch at home. (*quase nunca*) → ------------------------------------
- I read when I go to bed. (*normalmente*) → ------------------------------------
- My children drink Coke. (*nunca*) → ------------------------------------
- Fabio is in the office. (*raramente*) → ------------------------------------
- Husbands sleep on the sofa. (*às vezes*) → ------------------------------------
- The train arrives at 3.30. (*normalmente*) → ------------------------------------
- She goes to work by bus. (*muitas vezes*) → ------------------------------------
- Carlos is drunk on Fridays. (*sempre*) → ------------------------------------

Jogo de tabuleiro com perguntas e respostas sobre frequência
http://www.eslbase.com/downloads/pdf/present-simple-board-game.pdf

Explicações e prática dos *adverbs of frequency*
http://www.solinguainglesa.com.br/conteudo/adverbio6.php

UNIT 5

1. EXPRESSIONS OF TIME *EXPRESSÕES DE TEMPO*

EXERCÍCIO 1 Escute e repita:

Today /tãdei/ *(Hoje)* **Yesterday** /iestãdei/ *(Ontem)* **Tomorrow** /tãmorou/ *(Amanhã)*
This morning *(Hoje de manhã)* **This afternoon/evening** *(Hoje à tarde/noite)*
Tonight /tãnait/ *(Hoje à noite)* **A week** /uik/ *(Uma semana)*
A month /manth/ *(Um mês)* **A year** /iiã/ *(Um ano)*

This *(Este/a)*		**week**		**this week, next week, last week**
Next *(Que vem)*	+	**month**	=	**this month, next month, last month**
Last *(Passado)*		**year**		**this year, next year, last year**

EXERCÍCIO 2 Escute e repita as frases e preencha as lacunas com a expressão de tempo que você ouve:

- My wife's birthday is __________________________
- Come for dinner __________________________
- __________________________ we have Miley Cyrus in the studio.
- The semi-final is __________________________, the final is __________________________
- __________________________ is hotter than __________________________
- We have an important meeting __________________________
- I have a doctor's appointment __________________________
- __________________________, love was such an easy game to play.

! Memory notes (*lembretes*). Para ajudar na memorização de vocabulário, escreva palavras novas com a tradução, a pronúncia e um exemplo em um bilhete (tipo Post-it). Depois coloque em lugares diferentes – do lado do espelho, no carro, na tela do computador, na cozinha, na academia etc.

Com, por exemplo, cinco palavras por dia, quatro vezes por semana, você pode memorizar mil palavras em um ano! Comece agora com cinco das expressões de tempo; escreva o inglês, a pronúncia, a tradução e um exemplo relevante, e pense em três lugares em que você poderia colar o bilhete para aproveitar e aprender em alguns momentos ao longo do seu dia.

ESPELHO

CARRO

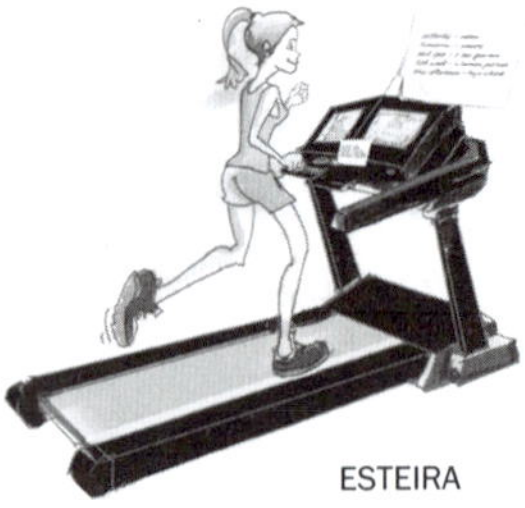
ESTEIRA

2. PREPOSITIONS OF TIME *PREPOSIÇÕES DE TEMPO*

EXERCÍCIO 3 Leia, escute e repita as informações sobre uma escola na Inglaterra; anote os usos das preposições **at**, **on** e **in** (em negrito no texto) em três colunas no seu caderno:

School starts **at** 9.00 **in** the morning and finishes **at** 3.30 **in** the afternoon. The students also have about 90 minutes homework to do **in** the evening.

On Wednesdays and **on** Fridays the students play sports: rugby **in** the winter; football **in** the autumn and cricket **in** the summer. **At** the weekend, there are also regular matches against other schools in the city. The school sports day is **on** July 12th.

There are 3 holidays during the year; 2 weeks **in** April, 8 weeks **in** July/August, and 3 weeks **in** December/January. **In** 2019, the academic year starts on September 4th.

EXERCÍCIO 4 Escreva frases sobre uma escola típica no Brasil (por exemplo, onde você estuda/estudou), usando as dicas entre parênteses e as preposições do texto anterior. Depois repita as frases sobre as escolas nos dois países:

(**school starts/finishes**) --
(**homework/evening**) --
(**play sport/day**) --
(**holidays/month**) --
(**academic year/date**) --

Veja um resumo dos usos principais das preposições de tempo ***at***, ***on*** e ***in***:

At	On	In
Horas	**Dias e datas**	**Mais de um dia** (meses, estações, anos)
night **the weekend**		**Partes do dia** (morning, afternoon, evening)

! Uma fonte de erros muito comum são as expressões com *next* e *last*, que não precisam de nenhuma preposição (nem da palavra *the*):

~~in the~~ **next** week (*na semana que vem*) ~~in the~~ **last** year (*no ano passado*)

~~in the~~ **next** month (*no mês que vem*) ~~on the~~ **last** Monday (*na segunda-feira passada*)

EXERCÍCIO 5 Escute as expressões de tempo, e complete com **in**, **at**, **on** (ou deixe em branco se não precisar de nenhuma preposição):

________ **the morning** ________ **April 4** ________ **Monday** ________ **today** ________ **1989**

________ **the weekend** ________ **this week** ________ **January** ________ **9.30** ________ **night**

________ **my birthday** ________ **the evening** ________ **next year** ________ **the moment**

________ **last month** ________ **the winter** ________ **4 o'clock** ________ **the afternoon**

EXERCÍCIO 6 **Preposition game.** Combine uma frase da parte A com uma expressão de tempo na parte B e adicione a preposição apropriada. Há varias combinações possíveis, mas a frase deve fazer sentido. Por exemplo:

We usually have a barbecue + in + the summer

Para ficar mais divertido, tire uma cópia desta página e corte as frases em pedaços, deixando as frases de um lado e as expressões de tempo de outro. Depois junte as duas partes e adicione a preposição, para formar uma frase.

A

We usually have a barbecue | It's really cold
The next Olympic Games are | My son's birthday is
People give you presents | I never watch TV
This class will graduate | The English course starts
Henrique goes to school | She often plays tennis
The museum is closed | Do you work...?
Our flight leaves Madrid | The hotel is fully-booked

B

the summer | 18th June
the evening | night | 2020
your birthday | next week
November | the morning
Saturday | the weekend
next year | the winter | 8.30
the afternoon | Christmas Day

Jogo com as preposições *at*, *on* e *in*
http://www.grammar.cl/Games/At_On_In_Time.htm

Paródia engraçada de *Chora, me liga*
http://www.youtube.com/watch?v=NZiXWWiy6rQ

3. WH- QUESTIONS (2) *PERGUNTAS COM WH- (2)*

EXERCÍCIO 7 Leia, escute e repita as perguntas e respostas a seguir, e tente deduzir o significado das palavras em negrito:

What time is the match? It starts at 3.30.
What time do you get up? Usually at about 8 o'clock.
What time does the plane leave? It leaves at 10.15.

What type of music do you like? I like rap and techno.
What kind of car do you have? We've got a BMW.
What type of pizza do you want? A Margherita, please.

Who are they? They're my parents.
Who is the President of France? It's Macron, I think.
Who is your favorite singer? I love Beyoncé.

Why do you live in São Paulo? Because I have a good job.
Why are you here? I'm here to talk to Adam.
Why does he drive so fast? Because he's really macho!

Which do you prefer, red or blue? I prefer the red.
Which university do you go to? I go to USP.
Which channel is the film on? It's on Telecine.

Wh- questions (2)

What kind/type of..? /uotaipãv/ (*Que tipo de..?*) **What time?** /uotaim/ (*Que horas?*)
Who? /ruu/ (*Quem?*) **Why**? /uai/ (*Por quê?*) **Which** /uitch/ (*Qual?*)

- Em alguns casos, é melhor usar ***what*** para ***qual***, por exemplo:
  What's your name? (***Qual*** *é seu nome?*)
  What's her phone number? (***Qual*** *é o telefone dela?*)
  What are your favorite films? (***Quais*** *são seus filmes preferidos?*)

- ***Which*** é mais usado quando há opções limitadas:
  Which classroom are we in? (*Estamos em* ***qual*** *sala de aula?*)
  Which flavor do you want? (***Qual*** *sabor você quer?*)

PRONUNCIATION *PRONÚNCIA*

As perguntas formadas com *what* + *time/kind/type* apresentam uma conexão entre as palavras, e o som de /v/ no final da palavra *of* pode desaparecer.

Escute e repita:

What time /uo**taim**/ What kind of = /uo**kai**nã/ What type of /uo**taipã**/

Escute e repita os seguintes exemplos, prestando atenção na conexão entre as duas primeiras palavras:

What time do we check out?
What time does the bar close?
What time is the show?
What time do you go to bed?

What kind of beer do you have?
What type of doctor is she?
What kind of TV programs do you like?
What type of music do they play?

EXERCÍCIO 8 **A travel agency** (***Uma agência de viagens***). Leia e escute o texto a seguir e depois responda às perguntas de compreensão com frases completas:

I work for a travel agency in the centre of Recife. I really like this job because I work with the public and I travel a lot. I usually start work at 8.30 and finish at 6.00, with an hour's lunch break from 12 to 1. The company has two bosses, Graziela and Renato, who are husband and wife. In general I prefer working with Grazie because she's calm and good to talk to. The company specializes in trips for schools, and the most popular destination is Disneyland in Florida. We also organize conferences and business events, especially in hotels near the beach, because people come to Recife to relax!

What kind of company does she work for? → *She works for a travel agency.*
Where is the travel agency located? ______
Why does she like her job? ______
What time does she start work? ______
Who are the two bosses? ______
Which boss does she prefer? Why? ______
What time does she have lunch? ______
What type of trips do they organize? ______
Which destination is the most popular? ______
What time does she finish work? ______
Why do they organize conferences near the beach? ______

EXERCÍCIO 9 **Picture answers (*respostas em imagens*).** Escute e repita as perguntas de **a** a **h** e combine com uma das respostas representadas pelas imagens de **1** a **8**:

a. Who is your favorite singer?
b. What kind of hotel is it?
c. Who was the first President of the USA?
d. Which country is next to Portugal?
e. What type of dog do they have?
f. Why do you need to learn English?
g. Which team does he support?
h. Why are your friends at home?

1. 

2. 

3. 

4. 

5. 

6. 

7. 

8. 

EXERCÍCIO 10 Escreva uma pergunta com **Wh-** para combinar com as respostas a seguir, por exemplo:

- *What time do you have dinner?* We have dinner at about 7.
- ____________________? He has an Apple laptop.
- ____________________? I prefer the white sneakers.
- ____________________? Because I love the city.
- ____________________? She finishes work at 6.00.
- ____________________? They like classical and jazz.
- ____________________? You're in room 712.
- ____________________? The film starts at 7.30.
- ____________________? Because it's healthy and delicious.

Jogo de tabuleiro com perguntas com *Wh-*
http://www.eslhq.com/worksheets/preview_worksheet.php?worksheet_id=26329

Mais prática de perguntas com *Wh-*
http://www.englishexercises.org/makeagame/viewgame.asp?id=1718

4. PHRASAL VERBS (1)

Existem muitos verbos na língua inglesa compostos por um **verbo + uma preposição** (up, on, in, after etc.); são os chamados *phrasal verbs*, que podem:

i. Ter um significado *literal*, por exemplo:

go out (*sair*) **sit down** (*sentar-se*) **stand up** (*ficar em pé*)

put on (*colocar em cima*) **look at** (*olhar para*) **turn around** (*virar [o corpo]*)

ii. Ser *idiomáticos*, ou seja, a combinação das partes tem um sentido diferente do das palavras individuais. Por exemplo:

look after (*cuidar de*) **look for** (*procurar*) **turn on/off** (*ligar/desligar*)

put on (*colocar algo no corpo* [roupa/joia/maquiagem/protetor etc.])

get on/off (*entrar/descer* [ônibus, trem, avião]) **get to** ([*modo de*] *chegar*)

go on (doing) (*continuar* [*fazendo*]) **hold on** (*esperar, peraí!*)

! Memorable examples (*exemplos memoráveis*). Para ajudar a decorar vocabulário como *phrasal verbs*, é uma boa ideia formular um exemplo mais fácil para lembrar – o que pode incluir frases:

- Personalizadas: I **get to** work at 8.00 a.m. I often **look after** my cousin Aninha.
- Com uma rima/um truque: **Look at** that fat cat! I'm looking **for** the number **4**.
- De músicas/filmes etc.:

The moment I **wake up**, before I **put on** my makeup (*Aretha Franklin*).

Get up, **stand up**, **stand up for** your rights... don't **give up** the fight (*Bob Marley*).

- Com uma imagem feita à mão (ou copiada da internet):

They're getting on the plane.
(*Eles estão entrando no avião.*)

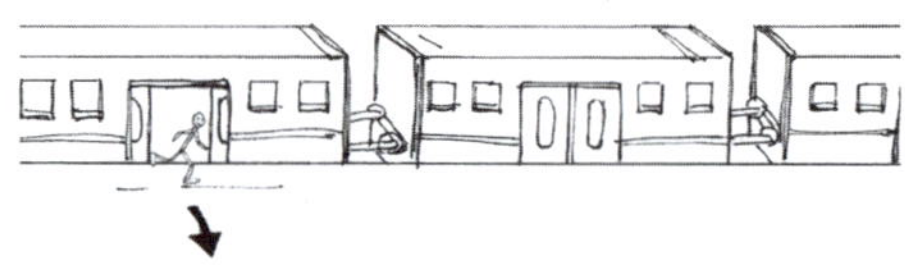

He's getting off the train.
(*Ele está descendo do trem.*)

EXERCÍCIO 11 Corrija os erros nas frases a seguir, depois escute para conferir e repetir:

- Hello, please **come at**. **Sit on** and I'll get you a drink.
- When me and my wife **go off** for dinner, my mother **looks up** our children.
- **Put around** some sun block if you go to the beach; it's very hot today.
- The flight stops in Paris, so we **get down** the plane for two hours, then **get up** again.
- I normally **get on** at 7.30, leave the house at 8 and **get in** work at 8.30.
- Please **turn on** the computer when you finish working.
- **Look to** this photo. It's my dad, **talking for** Nelson Mandela!
- A: Where's my credit card? B: **Hold up** a second, I'll help you **look at** it.

Existem duas traduções do verbo *sair*:

i. **Go out** – sair para a rua, para fora de casa: We usually *go out* on Friday night, Let's *go out* tomorrow.

ii. **Leave** – sair de um lugar, partir: He *leaves* the office at 6. What time do you *leave* home?

Jogo com phrasal verbs comuns
https://www.eslgamesplus.com/phrasal-verbs-catapult/

Jogo para combinar *phrasal verbs* com sinônimos
http://www.englishclub.com/esl-games/matching-phrasal-verbs-01.htm

5. THE PRESENT SIMPLE – NEGATIVE *O PRESENTE – NEGATIVO*

EXERCÍCIO 12 Leia e escute duas pessoas conversando sobre o filho adolescente, e complete a regra na tabela a seguir de acordo com os exemplos grifados no diálogo:

B: So, how are the children?
A: We *don't know* what to do with Rodrigo! He's impossible!
B: I *don't understand*. Little Rodrigo? He's so sweet
A: He's a typical teenager! He *doesn't speak* to us, he *doesn't leave* his room...sometimes I *don't see* him for days!
B: And you *don't have* dinner with him in the evenings?
A: He *doesn't eat* normal food, just junk-food.
B: But does he play with his sister?
A: No, they *don't play* anymore.
He *doesn't have* time for 'baby games', he says.
B: Well, don't worry, it *doesn't go on* forever...
A: Easy for you to say, you *don't have* any children!

Present Simple – Negative			
I		**He**	
You	____________________ **+ verbo**	**She**	____________________ **+ verbo** (sem s)
We		**It**	
They			

EXERCÍCIO 13 Escreva as frases a seguir na forma negativa. Não esqueça que o verbo **to be** tem uma forma diferente dos outros verbos (veja página 25). Por exemplo:

The teacher sits down → *The teacher doesn't sit down.*
- She switches off the lights. → ________________________________
- I understand; I speak Spanish. → ________________________________

- It's hot, so we're at the beach. → --
- Jim works hard because he likes his job. → --
- They go out a lot, they like socializing. → --
- Sit down and take off your jacket. → --
- My husband cooks and cleans the house. → --
- Me and Claudia work in the same office. → --
- If the plane arrives at 5.00, it's possible. → --

Negatives game. Siga o caminho e fale as frases na forma negativa para ganhar um ponto. Depois diga a resposta correta para ganhar mais um ponto. Por exemplo:

Bill Gates lives in New York state. *Bill Gates doesn't live in New York state.* (1 ponto)
He lives in Michigan state. (1 ponto)

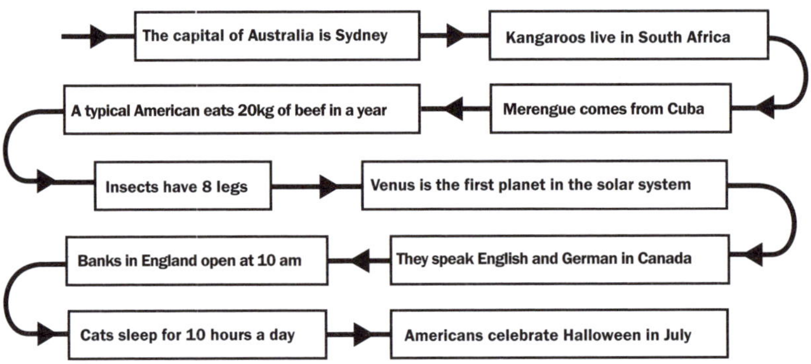

0-5 Terrible! Study the chapter again!
6-10 Not bad, but study more.
11-15 Good, go on studying.
16-20 Excellent! Relax! Go out!

Vídeo e prática de frases negativas no *Present Simple* (em espanhol, mas dá para entender!)
http://www.youtube.com/watch?v=3nAzKIYMtX4

6. EXPRESSIONS AND SLANG (1) *EXPRESSÕES E GÍRIAS (1)*

EXERCÍCIO 14 Leia, escute e repita o diálogo entre dois velhos amigos e confira a tradução das expressões do dia a dia:

A:	Hey, Biff, what's up?	*E aí, Biff, beleza?*
B:	Billy! How you doing, dude?	*Billy! Como vai, cara?*
A:	Not bad, man.	*Nada mal, cara.*
B:	It's been ages.... like, 6 months.	*Faz muito tempo...tipo, 6 meses.*
A:	I know, loads of work	*Sei, muito trabalho.*

B:	Me too. I've got a new job.	*Eu também. Tenho um novo emprego.*
A:	With that guy in Soho?	*Com aquele cara em Soho?*
B:	Steve. He's cool, the job is crap.	*Steve. Ele é legal, o emprego é uma droga.*
A:	Work sucks, dude!	*Trabalhar é chato, cara!*
B:	Totally! Ok, I gotta go.	*Muito! Ok, tenho que ir.*
A:	Cool, see you round.	*Legal. A gente se vê.*
B:	Yeah, take it easy, bro.	*Sim, vai tranquilo, bróder.*

! No início, o importante é ter bastante prática da *compreensão* dessas expressões e gírias e aos poucos você vai incluindo nas suas conversas.

EXERCÍCIO 15 Leia as frases a seguir e escreva uma das expressões do diálogo anterior no lugar das palavras grifadas. Depois escute e repita as frases completas:

- The bus takes *a long time* (________________________) to get to the center.
- It's 6 o'clock! I *need to leave* (______________________). Ok, *goodbye* (______________________).
- *Hi* (____________________) *dude* (____________________), *how are you?* (____________________?)
- This film is *terrible* (__________________). Nicholas Cage *is really bad* (____________________).
- That *man* (__________________________) on Youtube is so *good* (__________________________).
- Nick works on Wall St. I'm sure he has *a lot of* (________________________) money.

Resumo de expressões idiomáticas comuns, dividido em dez etapas
http://www.talkenglish.com/speaking/idioms/category1.aspx

7. PRONUNCIATION – R *PRONÚNCIA – R*

Quando a letra *r* vem no começo de uma palavra, apresenta uma pronúncia diferente da língua portuguesa, uma fonte comum de erros para o aluno brasileiro. Se você fala uma palavra que começa com *r*, por exemplo, *rato*, no início da palavra a boca fica aberta. Para falar a mesma palavra em inglês, *rat*, a boca fica quase fechada e os lábios se estendem para frente para formar um bico, igual à posição para cantar *uuu*.

Escute e repita:

rat (*rato*) – **hat** (*chapéu*) **red** (*vermelho*) – **head** (*cabeça*)
roll (*pãozinho*) – **whole** (*inteiro*)

- Imagine que você vai dar um beijo em alguém e faça um biquinho antes de falar uma palavra que começa com a letra *r*.

- Fale com o *r* carregado do interior do Brasil:
  Ma**rrrr**eco com **rrr**epolho **rrr**oxo......**rrr**right, **rrr**room, **rrr**really **rrr**rich

- Escreva **uuu-** ou **wr-** antes do *r* para ajudar na formação do som:
  uuureport **uuu**rent **w**rock 'n **w**roll **w**restaurant

- Repita frases com uma mistura de palavras que começam com *r* e *h*:
  Rob had a **r**ed hat on his head. There was a **r**at in the hotel **r**oom.
  8 Harley **R**oad, my house is on the **r**ight. I **r**eally hate **R**ussian hospitals.

EXERCÍCIO 16 Na primeira vez, escute as frases a seguir e sublinhe a letra **r** (ou **rr**) se a pronúncia não for correta. Na segunda vez escute todas as frases com a pronúncia correta para conferir e repetir:

- a horrible **r**estaurant
- **r**ent a car
- vodka and **R**ed Bull
- **r**ock and **r**oll
- we a**rr**ive tomo**rr**ow
- a hotel **r**eservation
- call **r**oom service
- the **r**eceptionist is **r**ude
- **R**achel is **r**eally **r**ich
- a **r**eport on the **r**adio

Assista à aula curta do professor Fernando Siqueira do IUPI
http://www.youtube.com/watch?v=kf7IX19ETqA

8. THE VERBS HAVE AND HAVE GOT *VERBOS HAVE E HAVE GOT*

São os dois verbos comuns na língua inglesa com a tradução de *ter.*

EXERCÍCIO 17 Combine a primeira parte da frase A com a segunda parte B e veja os exemplos dos dois verbos em negrito. Depois escute as frases completas para conferir e repetir:

A

I**'ve got** a very big family
Alessandra **has** a new car
My wife **has got** 8 aunts and uncles
You**'ve got** beautiful eyes
We normally **have** lunch
The kids **have got** a Nintendo DS
The directors **have** a 2 hour meeting
We**'ve got** a problem with the website

B

in a restaurant near my office
and they **have** about 30 games
but she goes to work by bus
but they **have** a 10 minute coffee break
I **have** three brothers and two sisters
and she**'s got** 18 cousins
but I think I **have** a solution
Are they blue or green?

To HAVE		To HAVE GOT
I	have	I've got
You	have	You've got
He/ she/it	**has**	He'**s**/She'**s**/It'**s** got
We	have	We've got
You	have	You've got
They	have	They've got

Os dois verbos têm o significado de *ter* ou *possuir*, mas **have got** é considerado um pouco mais informal do que **have**:

I have an iPod *ou* **I've got** an iPod.

She has a big house *ou* **She's got** a big house.

They have blond hair *ou* **They've got** blond hair.

Porém, apenas o verbo **to have** é usado como parte de algumas expressões comuns, por exemplo:

Have breakfast/lunch/dinner.	(***Tomar*** *café da manhã/almoçar/jantar.*)
Have a party/barbecue/meeting.	(***Fazer*** *uma festa/um churrasco/reunião.*)
Have a snack/hamburger/pizza.	(***Comer*** *um lanche/hambúrguer/pizza etc.*)
Have a Coke/a beer/some water.	(***Tomar*** *uma Coca/uma cerveja/água.*)
Have/Take a shower/bath.	(***Tomar*** *banho de chuveiro/banheira.*)

EXERCÍCIO 18 Preencha as lacunas com a forma correta dos verbos **have** ou **have got**. Onde é possível usar os dois verbos, escreva a forma correta de ambos na lacuna, por exemplo:

They *have* two children ou They'*ve got* two children.
She normally *has* a sandwich for lunch.

- My parents ____________________ an apartment in Sao Paulo. It ____________________ 2 bedrooms.
- We ____________________ a meeting at 3.00. I ____________________ the presentation on a memory stick.
- Brazilian people normally ____________________ a big lunch and then ____________________ a snack in the evening.
- We ____________________ another 30 minutes, so let me ____________________ a quick shower.
- I ________________ an idea. *First* we ________________ a drink, *then* we ________________ a pizza!

PRONUNCIATION *PRONÚNCIA*

Existem pronúncias abreviadas do verbo **have got**.

- O som de **/t/** no final de **got** pode ser cortado em conversas rápidas.

Escute e repita:

I've got 2 sisters. = /aiv **gó/** She's got blue eyes. = /chiz **gó**/

- Muitas vezes o som de **'ve** desaparece também.

  Escute e repita:

  I've got 3 kids. = /**a** **gó**/ **They've got** problems. = /**thei** gó/

- Quando **got** é seguido por **a** ou **to**, muitas vezes as palavras se juntam, e a pronúncia fica /**godã**/ ou /**gotã**/.*

  Escute e repita:

  We've **got a** cat = /uiv **gotã** kat/ I've **got to** go = /ai **godã** gou/

EXERCÍCIO 19 **Dictation (*ditado*)**. Escute as oito frases (quatro pares) e escreva-as nos espaços:

EXERCÍCIO 20 Escreva as frases a seguir com as palavras na ordem correta:

- Rio has in sister my apartment got an → My
- barbecue normally Sunday we a have on →
- money got lot Madonna a of 's →
- of city population two the has a million →
- snack have o'clock the at children four a →
- aunt a London house uncle have in and my →

EXERCÍCIO 21 Escreva frases sobre o que você tem ou faz, ou o que seus parentes/amigos têm ou fazem, usando os verbos **have** e **have got** – por exemplo:

I've got a brother. His name is Guilherme and he's 26.
My parents normally have lunch at 12.30.

Mais prática do verbo *have got*
http://www.englishexercises.org/makeagame/viewgame.asp?id=3170

* Às vezes se escreve *gotta* em letras de músicas, por exemplo I *Gotta Lotta*, da banda Naughty by Nature: http://www.youtube.com/watch?v=-xyURupkahU.

UNIT 6

1. CAN AND CAN'T *PODER E NÃO PODER*

EXERCÍCIO 1 Leia, escute e repita as frases de **a** a **f** e complete as quatro tarefas:

a. João **can** speak English, but he **can't** speak French.
(*João sabe falar inglês, mas ele não sabe falar francês.*)

b. **Can** you bring us the menu, please?
(*Pode trazer o cardápio para nós, por favor?*)

c. We **can't** call now, because I **can't** get a signal here.
(*Não podemos ligar agora, porque não consigo pegar o sinal aqui.*)

d. **A: Can** I pay by credit card? **B:** No, I'm sorry, you **can't**.
(***A:** Posso pagar com cartão de crédito? **B:** Não, desculpe, não pode.*)

e. **A: Can** you play the guitar? **B:** Yes, and I **can** sing too.
(***A:** Você sabe tocar violão? **B:** Sim, e sei cantar também.*)

f. She **can't** go in June, but she **can** go in July.
(*Ela não pode ir em junho, mas em julho ela pode.*)

i. Identifique o significado de **can** e **can't** em cada frase: *habilidade*, *possibilidade* ou *pedido*.

ii. Qual é a forma do verbo depois de **can** e **can't**?

iii. Como se faz uma pergunta com **can**?

iv. Escreva a tradução dos sujeitos/verbos que se encontram nas frases anteriores:

Eu posso ________________	Você não pode ____________	Nós podemos ________
Eu posso? ______________?	Você pode? _______________?	Não posso ___________
Ele pode ________________	Ele não pode ______________	Não podemos ________

(+) CAN	(–) CAN'T	(?) SUJEITO ↔ CAN
I can make cheesecake.	I can't finish this pizza.	Can I speak to Gina?
You can come with us.	You can't smoke here.	Can you give me $20?
He can play very well.	She can't get a job.	Can Simon snowboard?
We can send it by email.	We can't pay by check.	Can we have the bill?
They can take a train.	They can't understand.	Can they stay here?

- Na maioria dos casos, a tradução de **can** e **can't** é *poder* e *não poder*:
  I can give you a ride. Get in! (***Posso** te dar uma carona. Entre aí!*)
  Bruna **can't** work today. (*Bruna **não pode** trabalhar hoje.*)
  Can you tell me your name? (*Você **pode** me dizer seu nome?*)
  Can we watch the news on TV? (***Podemos** assistir às notícias na TV?*)
- Porém, às vezes a melhor tradução é *saber* ou *conseguir*:
  I **can** write computer programs. (*Eu **sei** escrever programas de computador.*)
  He **can't** find a cheap hotel. (*Ele **não consegue** achar um hotel barato.*)
  She **can** pass the exam. (*Ela **consegue** passar no exame.*)

! Cuidado para não usar um verbo com *to* depois de *can*:

He can ~~to~~ speak German, I can't ~~to~~ work today, Can you ~~to~~ cook?

PRONUNCIATION *PRONÚNCIA*

Quando a palavra *can* é seguida por outro verbo, não tem ênfase e, portanto, a pronúncia muda para /**kãn**/. Além disso, pode ser combinada com o pronome *you*, que, como já vimos, muda a pronúncia para /**iã**/.

Escute e repita:

We **can** work it out. I **can** see clearly now. Baby, **you can** drive my car.
Can you use Excel? **Can** she call me back? **Can** they change the reservation?

Quando não há um verbo depois de *can*, por exemplo em respostas curtas, a pronúncia fica /**kan**/.

Escute e repita:

Can you play backgammon? Yes, I **can**.
Can your mom cook *feijoada*? Of course she **can**.

A pronúncia de ***can't*** depende do tipo de inglês; os americanos falam /**kéént**/, enquanto os britânicos dizem /**káánt**/.

Escute e repita os exemplos lidos primeiro por um britânico, depois por um americano:

Sorry, I **can't** help you. Bob **can't** come today. We **can't** find it.

EXERCÍCIO 2 **Buying sneakers.** Leia o diálogo a seguir entre uma balconista e uma mulher que quer comprar um tênis e corrija os erros nas frases com **can/can't**. Depois escute o diálogo correto para conferir as respostas e repetir:

SA: Good morning, how I can help you madam?
C: Yes, can you to get me these sneakers, size 7?
SA: Sure, can you waiting a moment?
C: No problem. I'm can look at the other sneakers. (*pause*)
SA: Sorry, I not can find size 7. We have a 6.
C: Ok, I can to try the 6. (*pause*) Oh no, I cant walk!
Can you brings me a size 8?
SA: Sure, you can hold on a minute? (*pause*)
C: OK, let's try... They're great!
Can they pay by credit card?
SA: Yes, can you pay with Visa or Mastercard.

EXERCÍCIO 3 Escreva uma frase para cada placa para dizer o que se pode fazer (***you can do***) ou não (***you can't do***):

You can't................ ....

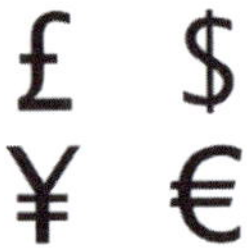

....

EXERCÍCIO 4 Escreva frases com **can** e **can't** sobre o que é possível (ou permitido) nos lugares a seguir, usando as sugestões entre parênteses:

At home (watch TV, relax, smoke, come home at 3 a.m.). **At school** (use a computer, wear make-up, text). **In your city/in Brazil** (eat, see, buy, drive, drink alcohol)

EXERCÍCIO 5 Escreva frases com **can** e **can't** sobre as suas habilidades, usando verbos como: drive a car, play tennis, swim, speak Spanish, cook, use Excel, surf, dance etc.:

EXERCÍCIO 6 Escreva pedidos com ***Can I?, Can you?*** *ou* ***Can we?***, usando verbos como: bring, open, give, help, show, take, call, use, make etc.

Prática básica de *can* e *can't*
http://www.englishexercises.org/makeagame/viewgame.asp?id=5204

Diálogos curtos com exemplos de *can* e *can't*
http://www.1-language.com/englishcourse/unit18_dialogues.htm

Escute a música *I can't get next to you* (com a letra) de *The Temptations*
http://www.youtube.com/watch?v=BhGOS-EKgkU

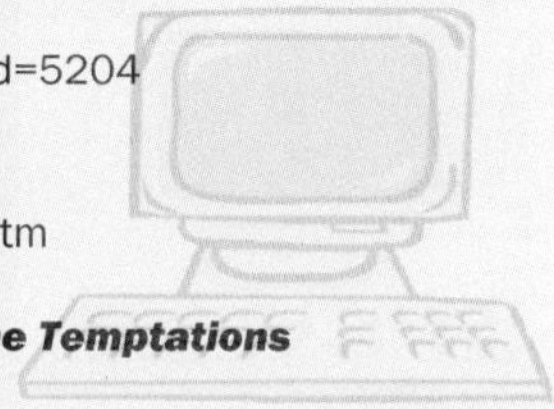

2. QUESTIONS WITH HOW (1) *PERGUNTAS COM HOW (1)*

EXERCÍCIO 7 Relacione as perguntas com **How** com as respostas. Escute para conferir e repetir:

How is your mom (doing)?	You just click on this icon.
How do you get to work?	It's R-O-D-R-I-G-U-E-S.
How do you open this?	She's fine, thanks, much better.
How can I print a document?	I think it's *printer*.
How can we buy tickets for the show?	Usually by bus, but sometimes I walk.
How do you say *impressora* in English?	Hold on, let me help you.
How do you spell your last name?	The correct pronunciation is /bizi/.
How do you pronounce the word *busy*?	You can get them on-line.

Questions with HOW (1)		
Cumprimentos	**How** are you? **How** are you doing? **How**'s it going?	(*Tudo bem?*) (*Como vai?* [informal]) (*Como vai?* [informal])
Como fazer	**How** do you [get a visa]? **How** can I [open an account]? **How** do you get to X? **How** can I get to X?	(*Como se faz para* [*conseguir o visto*]?) (*Como posso* [*abrir uma conta*]?) (*Como você chega em X*?) [meio de transporte] (*Como posso chegar em X*?) [caminho]

Definições		
	How do you say X (in English)?	(*Como se fala X [em inglês]?*)
	How do you spell X/it?	(*Como se escreve X/isto?*)
	How do you pronounce X/this word?	(*Qual é a pronúncia de X/desta palavra?*)
	What does X/this mean?	(*O que significa X/isso?*)

EXERCÍCIO 8 Faça uma pergunta para combinar com as respostas:

- ______________________________? He gets to school by car.
- ______________________________? It's *elevator* in English.
- ______________________________? He's fine, thanks.
- ______________________________? Take the second on the left.
- ______________________________? It's /kwait/.
- ______________________________? It means *primo* or *prima.*
- ______________________________? Here you call 102, 911 in the US.
- ______________________________? F-L-O-R-I-A-N-O-P-O-L-I-S.

Escute a música *How* do John Lennon; repeticão de *How can I...?*
http://www.youtube.com/watch?v=Wq7jLEnZw6s

3. PRONUNCIATION – LONG VOWELS (2)

PRONÚNCIA – VOGAIS LONGAS (2)

Já vimos (na página 29) que existem cinco vogais longas em inglês, todas escritas na fonética com dois pontinhos.

Escute e repita:

/ɑː/ → c**ar**, f**ar**, b**ar**, M**ar**ch, st**ar**t, p**ar**t, p**ar**k, al**ar**m, ch**ar**ming, h**ear**t

! No inglês americano, o som de /ɑː/ é quase sempre escrito com as letras ar, enquanto no inglês britânico pode ser escrito com uma variedade de letras.

Escute e repita as duas pronúncias das palavras a seguir, primeiro americano, depois britânico:

-ast: last, fast
-ath: bath, path
-ass: pass, class, glass
-ask: ask, mask
-ance: dance, chance
Outros: half, laugh

/uː/ → **do**, t**wo**, t**oo**, n**ew**, bl**ue**, m**oo**n, wh**o**, thr**ough**, s**ou**p, s**u**permarket

EXERCÍCIO 9 Escute as palavras a seguir e circule aquela em que a parte sublinhada tem uma pronúncia diferente das outras três:

- do through go true
- jar war star marvelous
- cast cask cash calf
- fruit Tom Cruise suit biscuit
- great beans green speak
- threw due tough food
- afternoon neighborhood soon iTunes
- young couple group touch

Veja e escute todos os símbolos fonéticos
http://www.antimoon.com/how/pronunc-soundsipa.htm

4. LIKES *GOSTOS*

EXERCÍCIO 10 Leia e escute um inglês que mora no Brasil falando do que ele gosta e não gosta do país. Depois, escreva na tabela a seguir as expressões sublinhadas no texto (que mostram intensidades de gostar ou não gostar). Quais são os dois tipos de palavra que podem seguir as expressões de gosto?

After 10 years living in Brazil, can you tell us what you like about this country?
Well, first of all, I really like the weather here, it's normally hot and sunny, and I like going to the beach in the summer. In general I like the people, they're friendly and sociable, and I love having parties with my friends. I quite like the food here, especially the buffet lunches, and I really like drinking a *caipirinha* and then eating some barbecued *picanha*. Delicious!

And what do you not like about living in Brazil? You can be honest!
Ok, let me think... I really don't like driving in Brazil; the men are so crazy, there are lots of accidents, and of course I hate the traffic in São Paulo! What else? Oh yeah, I don't like having business meetings with Brazilians, they talk a lot but they never make any decisions! I really don't like it when people are late, like you say 'come for dinner at 8' and everybody comes at 9.30 or 10. And I don't like Brazilian supermarkets very much, there is not very much variety and everything is very expensive. Um, that's it.

Like		**Don't like**	
1.	*(Gostar um pouco)*	**5.** don't like...very much	*(Não gostar muito)*
2. like	*(Gostar)*	**6.**	*(Não gostar)*
3.	*(Gostar muito)*	**7.**	*(Não gostar mesmo)*
4.	*(Adorar)*	**8.**	*(Odiar)*

Todos esses verbos podem ser seguidos por:

- **Um verbo** – normalmente com a terminação **-ing** (*o gerúndio*):
  They love travel**ling**. Sam quite likes surf**ing**. I don't like driv**ing** very much.
- **Um substantivo** – no *plural* , quando se fala de um gosto geral:
  I love Paris. Eva quite likes cat**s**. He hates milk. We don't like hotel**s**.

! **Não existe uma tradução direta da palavra *quite* /kwait/, mas o significado é um pouco, mas não muito, e é muito comum com:**

a. **Adjetivos**: The film is *quite good*. She's *quite tall*. I get *quite confused*.

b. Os verbos **like** e **enjoy**: I *quite* like fish. We *quite* enjoy camping.

EXERCÍCIO 11 Escreva as frases novamente de acordo com as informações no texto anterior, por exemplo:

He hates the weather here. → *He loves the weather here.*

- He loves Brazilian supermarkets. ----------------
- He really likes the food in Brazil. ----------------
- He doesn't like *picanha*. ----------------
- He likes having parties with his friends. ----------------
- He hates Brazilian people. ----------------
- He quite likes meetings with Brazilians. ----------------
- He loves driving in Brazil. ----------------
- He doesn't like the traffic very much. ----------------

EXERCÍCIO 12 **What do you like?** Escreva uma frase com uma das expressões de gosto (sobre você mesmo ou outra pessoa), incluindo o verbo com ***-ing*** ou o substantivo em cada linha. Para terminar, use nas frases **todas** as expressões pelo menos uma vez:

dogs	*I really like dogs.*	**Justin Bieber**	
cleaning		**going to the dentist**	
classical music		**video games**	
reading		**listening to music**	
football		**hot weather**	
cooking		**swimming**	
soap operas		**horror films**	
watching TV		**getting up early**	
broccoli		**spiders**	
living in X		**studying English**	

Explicações e jogos sobre gostos
hhttp://learnenglishkids.britishcouncil.org/en/grammar-practice/and-dont

5. VERBS + ING *VERBOS + GERÚNDIO*

Alguns verbos, como a família de *like*, são seguidos por outro verbo no gerúndio, ou seja, com **-ing** no final (veja também página 79).

EXERCÍCIO 13 Leia e escute a pessoa falando sobre suas dificuldades em estudar inglês e sublinhe os verbos seguidos por um outro verbo com **-ing**, como já foi feito na primeira linha:

A typical student?

To be honest, I have a lot of problems studying English... every year after Carnival, I start doing a course at a language school, and I spend 2 months going to classes, doing my homework, watching the BBC news and then... I start missing some lessons, I stop studying and finally I give up going to the classes. So every year I end up starting the process again! The schools go on making money because many people prefer paying for a course and not studying than studying English without paying! Some people recommend living abroad; imagine hearing and speaking English all the time, working in English, dating in English... if I start saving my money now, I can go to the USA next year...so I can give up 'studying' English at school!

Verbos + ing	
Like* – like, love, hate, enjoy, prefer **Start** – start, begin, stop, finish, end up, give up, quit **Continue** – continue, go on, carry on Recommend Admit Imagine Have problems Spend time/money	**+ (Not) doing**

! *Os verbos do grupo *Like* também podem ser seguidos por um verbo na forma infinitiva (*to do, to go*), especialmente quando se fala de uma ação *mais específica*:

Ben likes **to read** in the bath.
She hates **to see** animals suffer.
We prefer **to eat** outside in the summer.
I quite like **to sleep** naked. (*pelado*)

EXERCÍCIO 14 Complete as frases a seguir usando mais dois verbos no gerúndio em cada frase, por exemplo:

In general I prefer *sleeping to working!*

On Saturdays I really like ________________ and ________________________
In general I prefer ____________________ to ________________________
If you come to my city, I recommend ________________ and ________________
People usually have problems ____________________ and ________________
I'd like to start ____________________ and stop ________________________
Me and my friends enjoy ________________ and ________________________
If I go on ______________________ I'll end up ________________________
Some people never admit ________________ or ________________________
I usually spend a long time __________________ and ________________
Can you imagine ____________________ or ________________________?

6. OBJECT PRONOUNS – ME, YOU, HIM, HER, IT, US, THEM

PRONOMES OBJETO

EXERCÍCIO 15 Leia, escute e repita as frases a seguir, e depois faça uma lista dos verbos (em negrito) e dos pronomes objetos (sublinhados):

- **Give** me the money. I'll **put** it in the bank.
- Fabio doesn't have a car, so we **take** him to work.
- My parents live far away, but I **call** them every Sunday.
- Waiter (*garçom*): Can I **tell** you about today's specials?
- Customer (*cliente*): Can you **bring** us the menu, please?
- She's in a meeting at the moment, but you can **text** her.
- My son speaks perfect English, so the lessons are easy **for** him.
- Go to reception and **ask** them to call a taxi **for** us.
- If you see Michiko, **thank** her **for** the delicious dinner.
- Can you **do** me a favor? Can you **make** me a sandwich?

Object pronouns

Usados no lugar de uma pessoa/coisa quando é *o objeto* de uma frase. Quase sempre vêm *depois do verbo*:

I	→ **me**	/mi/	We	→ **us**	/as/
He	→ **him**	/rim/	You	→ **you**	/iu/
She	→ **her**	/rer/	They	→ **them**	/them/
It	→ **it**	/it/			

Podem ser usados como o objeto de frases com uma grande variedade de verbos:
give her, **call** them, **see** him, **take** them, **bring** me, **show** us, **buy** it, **tell** her, **ask** me, **kiss** him, **eat** it, **write** us, **thank** them etc.

Ou com uma variedade de preposicões: Come **with** us, Play **against** them, The cat jumps **on** her, Please pay **for** me etc.

Pronunciation. Muitas vezes existe uma conexão entre o verbo e o pronome objeto, por exemplo: give me /**gimi**/ tell him /**telim**/ take her /**teikã**/ bring us /**bringãs**/

EXERCÍCIO 16 Escreva as frases a seguir com as palavras na ordem correta:

me / you / address / please / give / can / your? ---------------------------------------
spam / I / them / email / another / hate ---------------------------------------
wife / you / tell / her / your / love ---------------------------------------
to / please / take / airport / us / the ---------------------------------------
friendly / like / I / is / Bill / him / so ---------------------------------------
chocolate / eats / sees / Vanessa /it / if / she ---------------------------------------
please / us / bill / you / the / can / bring? ---------------------------------------
for / exercise / is / this / you / difficult? ---------------------------------------

Mais prática dos *pronouns* (com bastante vocabulário novo)
http://www.grammar.cl/Games/Object_Pronouns.htm

Comparação dos *subject* e *object pronouns*, da professora Carina Fragozo
https://www.youtube.com/watch?v=8x4-yfS8GYs

7. PRONUNCIATION – CH AND SH *PRONÚNCIA – CH E SH*

Os sons geralmente produzidos por estas letras são diferentes da língua portuguesa.

Escute e repita os pares de palavras com **ch** e **sh**:

shop = /**ch**op/ ↔ chop = /**tch**op/
ships /**ch**ips/ ↔ chips /**tch**ips/
sheep /**ch**iip/ ↔ cheap /**tch**iip/
shoes /**ch**uuz/ ↔ choose /**tch**uuz/
cash = /ka**sch**/ ↔ catch = /ka**tch**/
washing = /uo**sch**ing/ ↔ watching /uo**tch**ing/
share /**ch**er/ ↔ chair /**tch**er/
sheet /**ch**iit/ ↔ cheat /**tch**iit/

O erro mais comum é confundir a pronúncia de **ch** e de **sh** no começo de uma palavra.

Escute e repita as palavras na tabela a seguir:

ch + a	ch + e	ch + i	ch + o	ch + u
change	check	child	chocolate (chip)	church
champion(ship)	cheddar	children	chopstick	chunk
chance channel	cheese	chicken	choice	chump
	cheers	China	Jimmy Choo	Chuck Norris

! Algumas palavras apresentam uma pronúncia diferente de ch, mais parecida com as equivalentes em português:

/k/: character /**k**ariktã/ chemical /**k**emikãl/ cholesterol /**k**ãlesterãl/
school /s**k**uul/ chorus /**k**orãs/ Christ /**k**raist/ Christian /**k**ristiãn/ Christmas /**k**rismãs/
/ch/: chef /**ch**ef/ Chicago /**ch**ikargou/ chic /**ch**ik/ Chanel® /**ch**ãnel/

EXERCÍCIO 17 **Dictation**. Escute as frases e complete com uma das palavras com **ch** ou **sh**, depois escute novamente para conferir e repetir:

- On ______________ day we always go to ______________ with the ______________
- **A**: Which ______________ do you ______________?
- **B**: The Jimmy ______________; they're so ______________!
- In ______________ they eat ______________ and ______________ with ______________s.
- Can you ______________ if we have any ______________-______________ cookies?
- ______________ is high in ______________ and often full of ______________
- ______ has a ______________ to ______________ her ______________ in the World ______________

Outra aula excelente do professor Fernando Siqueira do IUPI
http://www.youtube.com/watch?v=gBieWn1XOC4

8. CONNECTIONS *CONEXÕES*

EXERCÍCIO 18 Leia as frases a seguir e escolha o tipo de conexão entre as duas partes: **de contraste, de resultado** ou **de adição**:

- My son had an enormous pizza ______________________ he had a lot of ice-cream.
- ______________________ it's so hot in the summer, all the rooms have air-conditioning.
- I don't speak Chinese, ______________________ I can't understand the instructions!
- I'd like to buy some Pringles, ______________________ I only have R$4,50.
- ______________________ she never studies, she passes all her exams at school.
- They have an apartment downtown. They ______________________ have a beach house.

EXERCÍCIO 19 Escolha uma das palavras na tabela a seguir para fazer a conexão entre as duas partes das frases anteriores. Depois escute as frases completas para conferir e repetir:

Result	Contrast	Addition
so* /sou/ (*então, daí*)	**but** /bat/ (*mas*)	**and** /and/ (*e*)
because /bikoz/ (*porque*)	**although** /orlthou/ (*embora*)	**also** /orlsou/ (*também*)

- Em geral, as palavras *so*, *but* e *and* vêm no meio da frase:
  I enjoy watching movies **and** reading comics.
  Canada is a fantastic country, **but** it's really cold.
  Everyone's very hungry, **so** make a lot of food.

- *So* também significa *tão*, usado antes de adjetivos ou advérbios:
  He's **so** tall. It's **so** easy. She speaks Portuguese **so** well.

- *Because* e *although* podem vir no meio ou no começo da frase:
  Because I'm tired, I go to bed ou I go to bed **because** I'm tired.
  Although she has no money, she buys a lot of clothes. ou
  She buys a lot of clothes **although** she has no money.

EXERCÍCIO 20 Complete as frases de forma apropriada de acordo com a conexão:

- **Although** they live at the beach,
- She goes to the gym 3 times a week **because**
- Markus can speak fluent French, **so**
- The food is quite good, **although**
- At the weekend I study and I **also**
- **Because** it's a public holiday,
- **Although** Brazil is a beautiful country

Prática de *and, so* e *but*
http://www.proprofs.com/quiz-school/story.php?title=conjunctions--but-so-1

UNIT 7

1. PRONUNCIATION – DIFFICULT WORDS FOR BRAZILIANS (1)

PRONÚNCIA – PALAVRAS DIFÍCEIS PARA BRASILEIROS (1)

Escute e repita as palavras na tabela:

fruit /fruut/ (*fruta*) **juice** /juus/ (*suco*) **minute** /minit/ (*minuto*) **steak** /steik/ (*bife*)
cousin /kazãn/ (*primo/a*) **clothes** /klouthz/ (*roupas*) **high** /rai/ (*alto – coisas*)
guest /gest/ (*hospedado/convidado*) **heavy** /révi/ (*pesado*) **ready** /wrédi/ (*pronto*)
lose /luuz/ (*perder*) **parents** /pérãnts/ (*pais*) **women** /uimin/ (*mulheres*)

! **Turn up the volume. Uma técnica interessante na repetição de palavras difíceis é aumentar o volume em palavras específicas. Inicie com uma lista de palavras mais fáceis (que comecem com a mesma letra).**

Escute e repita:

sister **STEAK** study sixty
hello high **HOTEL** happy

eggs coffee toast **ORANGE JUICE**
long live laptop **LOSE**

A segunda opção é criar uma frase com duas ou mais palavras difíceis e repetir as palavras em letras maiúsculas em um volume mais alto do que as outras.

Escute e repita:

The **GUESTS** can **CHOOSE** from 3 kinds of **FRUIT JUICE.**
Are **CLOTHES** more **IMPORTANT** for **MEN** or for **WOMEN**?
My **COUSIN** only **LISTENS** to **HEAVY** metal music.
Your **STEAKS** will be **READY** in a **MINUTE.**

EXERCÍCIO 1 **Rhymes (*rimas*)**. Primeiro, escreva a fonética do lado de todas as palavras na tabela e sublinhe a sílaba tônica (nas três palavras que têm mais de uma sílaba). Depois combine uma das palavras de cada lado da tabela para formar pares de pronúncia, por exemplo: **fruit** /fruut/ – **boot** /buut/. Finalmente, escute os pares de palavras para conferir e repetir:

fruit /fruut/	steak ______	best ______	dozen ______
cousin ______	great ______	**boot** /buut/	female ______
lose ______	guest ______	Freddy ______	start ______
high ______	ready ______	bye ______	week ______
through ______	heart ______	make ______	choose ______
email ______	speak ______	true ______	late ______

Escute uma lista de palavras difíceis para o aluno brasileiro
http://www.transparent.com/br/ingles/pronuncia/pronuncia-palavras-dificeis-para-o-brasileiro-parte-02

2. COUNTABLE AND UNCOUNTABLE NOUNS

SUBSTANTIVOS CONTÁVEIS E INCONTÁVEIS

Na língua inglesa, existe uma diferença importante entre as coisas que têm plural, que são ***contáveis*** (por exemplo, um carro - dois, três, quatro carros...), e as que não têm plural, que são ***incontáveis*** (por exemplo, dinheiro; não se fala dois, três, quatro *dinheiros*).

EXERCÍCIO 2 Escute e repita as palavras a seguir e decida quais são contáveis (CON) e quais são incontáveis (IN):

carrot /karãt/ (*cenoura*) **rice** /wrais/ (*arroz*) **strawberry** /strorberi/ (*morango*)
love /lav/ (*amor*) **knife** /naif/ (*faca*) **pasta** /pastã/ (*macarrão*)
waitress /uaitrãs/ (*garçonete*) **meal** /miãl/ (*refeição*) **food** /fuud/ (*comida*)
wine /uain/ (*vinho*) **napkin** /napkin/ (*napkin*) **money** /mani/ (*dinheiro*)

! Alguns substantivos podem ser usados com ou sem plural, com sentidos um pouco diferentes, muitas vezes relacionados a comida e bebida:

beer (*cerveja*) **– a beer** (*uma cerveja*)
chicken (*carne de frango*) **– a chicken** (*uma galinha*)
chocolate (*chocolate*) **– a chocolate** (*um bombom*)
paper (*papel*) **– a paper** (*um jornal*)
hair (*cabelo*) **– a hair** (*um pelo*)

A LOT OF *MUITO/A, MUITOS/AS*

A lot of pode ser usado com os dois tipos de substantivos.

EXERCÍCIO 3 Escreva algumas frases que combinem ***a lot of*** e uma das palavras do exercício anterior, por exemplo:

A lot of beer → Germans drink a lot of beer.
A lot of meals → My mom cooks a lot of meals.

Exercício interativo com substantivos contáveis e incontáveis
http://www.learnenglish.de/Games/CountUncount/CountUncount.htm

SOME AND ANY ALGUNS/ALGUMAS

A tradução mais próxima é ***alguns/algumas***, por exemplo:

I need **some** tomatoes. (*Preciso de alguns tomates.*)
Do you have **any** bananas? (*Vocês têm algumas bananas?*)

Porém, na língua inglesa, ***some*** e ***any*** também são usados antes de substantivos incontáveis, o que não acontece na língua portuguesa. Por exemplo:

I want **some** water please. (*Quero água, por favor.*)
Is there **any** pasta on the menu? (*Tem macarrão no cardápio?*)
We don't have **any** rice. (*Não temos arroz.*)

EXERCÍCIO 4 Leia e escute o diálogo entre duas pessoas que vão ao supermercado e descubra qual é a diferença no uso de **some** e **any**:

Going to the supermarket

B: Some friends are coming to dinner and we haven't got any food!
A: Ok, let's make a list. We need some milk, some eggs and some cheese.
B: What else? We don't have any rice.
A: Right, get... some... rice.
B: And do we have any carrots?
A: No, there aren't any carrots. But there are some peas.
B: Ok, and do you want any wine?
A: Of course, we always want some wine!

SOME (positive)	**ANY** (negative/questions)
We need to buy **some** juice.	I don't have **any** English friends.
He has **some** problems at work.	Do you serve **any** Brazilian food?
Bill has **some** good ideas.	There isn't **any** Coke, only Pepsi.

! Para algumas perguntas *(some questions)* usa-se *some*:

Pedidos: Can I have ***some*** water, please? Please, bring me ***some*** cheese.
Ofertas: Do you want ***some*** apples? Can I get you ***something*** to drink?

Mais prática de *some* e *any*
http://www.angelfire.com/on/topfen/testssomeany6.html

Jogo para praticar os usos *some*, *any*, *a* e *an*
http://www.grammar.cl/Games/Some_Any_A_An.htm

3. FOOD PYRAMID *PIRÂMIDE DOS ALIMENTOS*

EXERCÍCIO 5 Escreva uma das categorias de comida nos espaços na pirâmide – **meat and fish, sugar, fruit, vegetables and salad, dairy products, carbohydrates**:

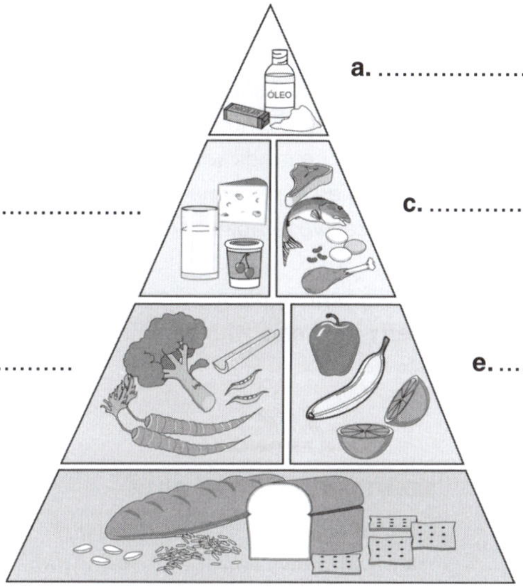

a. ....

b. ....

c. ....

d. ....

e. ....

f. ....

EXERCÍCIO 6 Escute e repita a pronúncia dos alimentos a seguir e depois escreva as palavras na coluna correta da tabela. Anote também se é uma coisa contável ou incontável. Procure em um dicionário as palavras que você não sabe:

pineapple /<u>pai</u>napãl/
chocolate /<u>tchok</u>lãt/
onion /<u>an</u>iãn/
seafood /<u>sii</u>fuud/
apple /<u>a</u>pãl/
beans /biinz/
banana /bã<u>na</u>nã/

lamb /lam/
beef /biif/
grapes /greips/
cake /keik/
pork /pork/
tomato /tã<u>mei</u>tou/ (US) /tã<u>mar</u>tou/ (GB)
garlic /<u>gar</u>lik/

cheese /tchiiz/
butter /<u>ba</u>tã/
potato /pã<u>tei</u>tou/
yoghurt /<u>io[u]</u>gãt/
milk /milk/
lentils /<u>len</u>tãlz/
lettuce /<u>le</u>tis/
cookies /<u>ku</u>kiiz/

carbs	fruit	veg/salad	meat/fish	dairy	sugar
bread	pineapple	onion	lamb	butter	cake

EXERCÍCIO 7 Leia e escute o chef de *cuisine* da Air France falando sobre o cardápio nos voos, depois preencha o cardápio com as três opções para **starter/appetizer** (entrada), **main course/entreé** (prato principal) e **dessert** (sobremesa):

Bonjour! My name is Jean-Pierre Truffle, and I am the head chef for Air France. I would like to tell you about the menu for the guests on today's transatlantic flights. There are three choices for each course, and the passengers choose what they want when they board the plane.

For the starter, you can have a seafood salad, with lettuce, tomatoes and olives... delicious! Or there is a tomato and oregano soup, which comes with small pieces of toast and butter, or our speciality, quiche made with cheese and onion.

The first main course is beef cooked in red wine with carrots and potatoes; next we have grilled fish – salmon – with mixed vegetables, or there is a fantastic pork dish with lentils, served with rice.

For the desserts, *ooh la la*, there is an apple pie with cream, a chocolate and whisky cake, and also a special strawberry ice-cream with banana cookies... so, *bon apetit* and have a good trip! *Au revoir*!

AIR FRANCE

MENU – JULY 14TH 2018

Starter	Main course	Dessert
a..............................	a..............................	a..............................
b..............................	b..............................	b..............................
c..............................	c..............................	c..............................

EXERCÍCIO 8 **Chef's table**. Usando os ingredientes do exercício anterior, escreva na tabela o que você precisa (***you need some***), e o que você não precisa (***you don't need any***) para preparar os pratos, e repita todas as frases em voz alta. Não esqueça que os substantivos contáveis vão ficar no plural, por exemplo, ***onions***, ***tomatoes***, ***beans*** etc.

To make...	You need some...	You don't need any...
A pizza Margherita	flour, tomatoes, cheese	apples, cookies
An omelet		
A hamburger		
Feijoada		
Muqueca		
Risotto		
Caipirinha		
A cake		

Uma lista ilustrada de vários tipos de comida e bebida
http://englishvocabularylists.blogspot.com/2008/10/food-and-drink-vocabulary-list.html

4. QUESTIONS WITH HOW (2) *PERGUNTAS COM HOW (2)*

EXERCÍCIO 9 Escreva uma das perguntas a seguir nos espaços **a** a **j**, depois escute as perguntas e as respostas para conferir e repetir:

How many brothers do you have?
How far is it to the airport?
How often do you drink alcohol?
How much pasta do we need?
How long do they stay at your house?
How much is a double room?
How long does the tour take?
How many pages are there in the book?
How far is New York from Miami?
How often does he go to Spain?

a. ______________________? It takes about 2 hours.
b. ______________________? Approximately 100 g per person.
c. ______________________? It's $140 per night.
d. ______________________? Usually for 2 or 3 days.
e. ______________________? Two, Pedro and Mateus.
f. ______________________? 280, including the introduction.
g. ______________________? Once a year, sometimes twice.
h. ______________________? It's about 20 km.
i. ______________________? Maybe twice a week.
j. ______________________? It's 1300 miles, that's 2100 km.

Questions with HOW (2)
How much? (***Quanto?***) /rau match/ – Para substantivos incontáveis (inclusive dinheiro): ***How much*** wine do we have? ***How much*** does this T-shirt cost?
How many? (***Quantos/as?***) /rau meni/ – Para substantivos contáveis (no plural): ***How many*** people are here? ***How many*** balls do you have?
How long? (***Quanto tempo?***) /rau long/ – ***Não*** How much time? ***How long*** does it take to get to Vitoria? ***How long*** is the film?
How far? (***Qual é a distância?***) /rau fáár/ – Ao pé da letra: Quão longe? ***How far*** is it from Rio to São Paulo? ***How far*** is the hotel from the beach?
How often? (***Com que frequência?***) /rau oftãn/ – Pergunta geral, mais comum do que o equivalente em português: ***How often*** do you go swimming? ***How often*** does he study English?

Questions with HOW (2)	
How many times [a] (***Quantas vezes [por]?***)	– Pergunta mais específica, sobre a frequência dentro de um período determinado: ***How many times a day*** do you check your emails? ***How many times a year*** does it snow?

A HEALTHY LIFESTYLE?

UM ESTILO DE VIDA SAUDÁVEL?

EXERCÍCIO 10 Escolha a opção correta das partes sublinhadas para completar as perguntas:

a. How much/many/far fast food do you eat?
b. How many/long/many times a week do you exercise?
c. How many/long/often do you drink alcohol?
d. How many/long/often do you spend sitting down?
e. How long/far/many do you walk each week?
f. How much/many/often cigarettes do you smoke a day?
g. How long/much/many hours do you sleep a day?
h. How much/many/many times coffee do you drink a day?

EXERCÍCIO 11 Escute Clarissa respondendo às perguntas para conferir, repetir e anotar as respostas dela. Depois escreva as suas respostas para as mesmas perguntas e faça tudo novamente.

EXERCÍCIO 12 **Answers game (*jogo de respostas*).** Primeiro, escolha uma das respostas nos quadros da tabela a seguir e combine com uma das perguntas com ***How*** do exercício anterior, por exemplo: ***twice a month*** = ***How often?/How many times a month?*** Se você acertar, ganha um ponto, se não, volta para o começo. Para ganhar mais um ponto, escreva uma pergunta completa para combinar com cada resposta, por exemplo: ***How often do you play poker? Twice a month.***

twice* a month	about 2 hours	22 in total	200 miles	once* a week
R$600 a month	about 500m	2 boys, 1 girl	$25,000	more than 1000
10 days	5 litres	I never go	about a week	approx. 19km

* **Once** significa *uma vez*, **twice** significa *duas vezes*. Para mais de três vezes, usa-se o número + times: *three times, four times, ten times, a hundred times* etc.

Prática variada das perguntas com *How?*
http://www.tolearnenglish.com/exercises/exercise-english-2/exercise-english-26551.php

Assista a uma entrevista com várias perguntas com *How much?* e *How many?*
http://www.youtube.com/watch?v=r6SCMRrqRRQ

EXERCÍCIO 13 **This, that, these, those.** Veja as imagens a seguir e deduza as traduções de ***este, estes, aquele e aqueles (ou esta/s, aquela/s):***

This pen

That boy

These books

Those children

	Singular	Plural
Here	**THIS (*este/esta*)** ***This* cake is delicious** **I hate *this* game!**	**THESE (*estes/estas*)** ***These* shoes are comfortable** **Look at *these* flowers**
There	**THAT (*aquele/aquela*)** ***That* guy is famous** **Can you see *that* church?**	**THOSE (*aqueles/aquelas*)** ***Those* trees are enormous** **Did you take *those* photos?**

EXERCÍCIO 14 Abaixo das imagens, escreva os exemplos de ***this, that, these*** e ***those***, junto com um substantivo no singular ou plural:

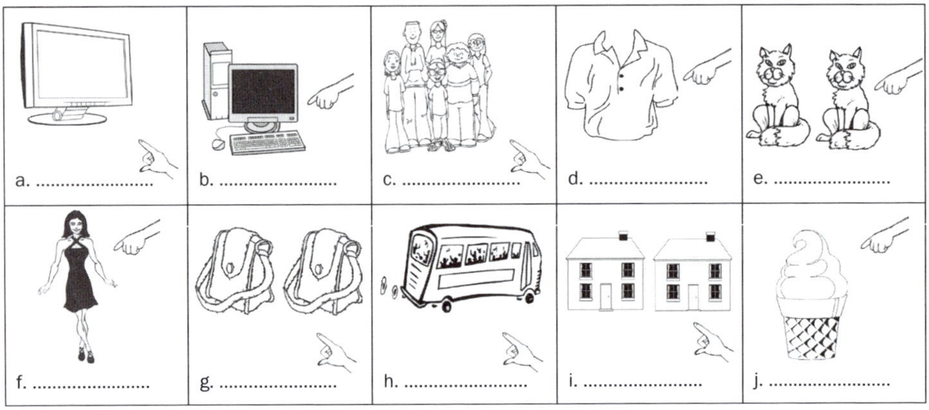

EXERCÍCIO 15 Escute as respostas para conferir e repetir, depois escreva os dez exemplos novamente, trocando o singular para plural e vice-versa, por exemplo:

This computer → *These computers*   Those people → *That person*

EXERCÍCIO 16 Escreva a opção correta para completar as frases, depois escute para conferir e repetir:

- Hi, I'm Pete, ______________ (this/these) is my wife Paula and ______________ (that/these) are my children.
- Can you pass me ______________ (that/this) glass, please?
- Do you have ______________ (that/those) sneakers in a size 9?
- **A**: Let's watch a film **B**: (this/that) ______________'s a good idea.
- Look at ______________ (these/those) people over there.
- I like ______ (this/these) jacket, but I don't like ______ (those/that) pants.

EXERCÍCIO 17 **Musical knowledge**. Teste seu conhecimento musical, primeiro completando o título ou letra da música famosa com ***this***, ***that***, ***these*** ou ***those*** e depois combinando com um dos artistas:

__________ **is the end my friend**	**Frank Sinatra**
__________ **'s me in the corner**	**The Guess Who**
__________ **little town blues**	**R.E.M.**
__________ **were the days**	**The Doors**
__________ **Eyes**	**KC and the Sunshine Band**
__________ **'s the way I like it**	**Mary Hopkin**

Exemplos de *this*, *that*, *these* e *those* no site da Lilli Zen
http://lillizen.wordpress.com/2009/08/21/this-that-these-those/

5. THERE IS/THERE ARE *TER, HAVER, EXISTIR*

Para dizer ***ter*** no sentido de ***haver*** ou ***existir***, não se usa o verbo ***have***, mas sim as frases ***there is*** (singular/incontável) ou ***there are*** (plural).

EXERCÍCIO 18 Escute o diálogo a seguir na recepção de um hotel e preencha as lacunas:

R: __________ a problem, sir?
G: Yes, in fact __________ *some problems.*
Firstly, __________ any blankets on the beds.
R: __________ some blankets in the wardrobe, sir.
G: Ok. Also __________ any paper.
R: No problem, here you are. __________ anything else?
G: Yes, __________ any beach towels?
R: Um, __________ any beaches here, sir!
G: No, no, to use in the swimming pool.
R: But __________ a pool in this hotel.

- No singular, usa-se *There is (There's)*:
  There is a toilet downstairs. (*Há um banheiro em baixo.*)
  There's an Italian restaurant in King St. (*Tem um restaurante italiano na King St.)*
- Com substantivos incontáveis, também usa-se *There is,* muitas vezes com *some*:
  There's some beer in the fridge. (*Tem cerveja na geladeira.*)
  There is some paper on the table. (*Tem papel em cima da mesa.*)

- No plural, usa-se ***There are (There're)***, que também pode ser seguido por *some*:
  There are 42 beaches in Floripa. (*Existem 42 praias em Floripa.*)
  There're some problems. *(Tem alguns problemas.*)
- Para fazer perguntas, troca-se a posição de *there* e *is/are*:
  Is there a drugstore near here? (*Tem uma farmácia por perto?*)
  Are there a lot of people there? (*Tem muitas pessoas lá?*)
- Com substantivos plurais e incontáveis, usa-se ***any***:
  Are there **any** potatoes? (*Tem batata?*)
  Is there **any** milk? (*Tem leite?*)
- Para fazer o negativo, usa-se a forma negativa do verbo ***to be***:
  There **isn't** any water. (*Não tem água.*) There **aren't** any towels. (*Não tem toalha.*)
  There **isn't** a hospital in my town. (*Não tem nenhum hospital na minha cidade.*)*

! A pronúncia de there/ther/ é basicamente igual à pronúncia de: they're (*eles são/estão*) e their (*deles*).

Escute e repita as frases:

There are 10 students in the classroom. **They're** doing **their** homework.
A: Are **there** any cookies? **B:** Yes, **they're** in the cupboard.

EXERCÍCIO 19 **Memory game – Is there any food in the fridge?** Estude a imagem durante um minuto e tente memorizar os alimentos que há na geladeira. Depois cubra a imagem e escreva respostas completas para as perguntas a seguir. Finalmente, escute as perguntas e as respostas para conferir e repetir:

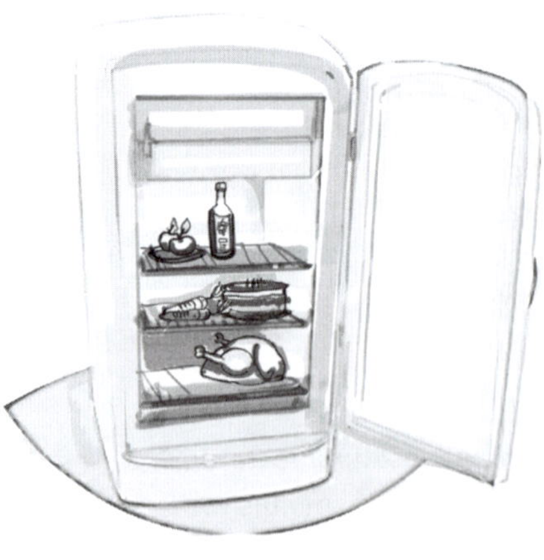

Exemplo:
Are there any tomatoes in the fridge?
Yes, there are some tomatoes.
No, there aren't any tomatoes.

* Chamamos uma cidade pequena de **town** e a cidade maior de **city**.

Are there any carrots? ....

Is there any cheese? ....

Is there a cake? ....

Are there any eggs? ....

Is there any bread? ....

Are there any apples? ....

Is there any chicken? ....

Is there a bottle of wine? ....

EXERCÍCIO 20 Escreva exemplos do que tem ou não tem: na sua geladeira, no armário da cozinha, no seu bairro, na sua cidade, no Brasil...

Exemplos: There's some orange juice in my fridge
There aren't any good clubs in my neighborhood.
There are many beautiful beaches in Brazil.

....

....

....

....

Prática das diferentes formas de *there is* e *there are*
http://www.carmenlu.com/first/grammar/thereis1_2.htm

6. HOUSES CASAS

EXERCÍCIO 21 Leia e escute as palavras a seguir e identifique na planta de um apartamento: **A** a **H** (os cômodos do apartamento) e **1** a **9** (os móveis e as aberturas). Há três palavras a mais na tabela do que na ilustração:

window /uindou/ **lamp** /lamp/ **desk** /desk/ **kitchen** /kitschin/ **stairs** /sters/
door /dor/ **bathroom*** /bathrum/ **living-room** /livingrum/ **garden** /gardãn/
floor /flor/ **bedroom** /bedrum/ **roof** /wruf/ **wardrobe** /uordroub/ **table** /teibãl/
dining-room /daining wrum/ **sofa** /soufã/ **balcony** /balkãni/ **toilet*** /toilãt/

* No inglês americano ***bathroom*** se refere ao banheiro ou ***restroom***, enquanto em outros países ***bathroom*** é apenas usado quando há um chuveiro e/ou uma banheira; caso contrário, usa-se ***toilet***.

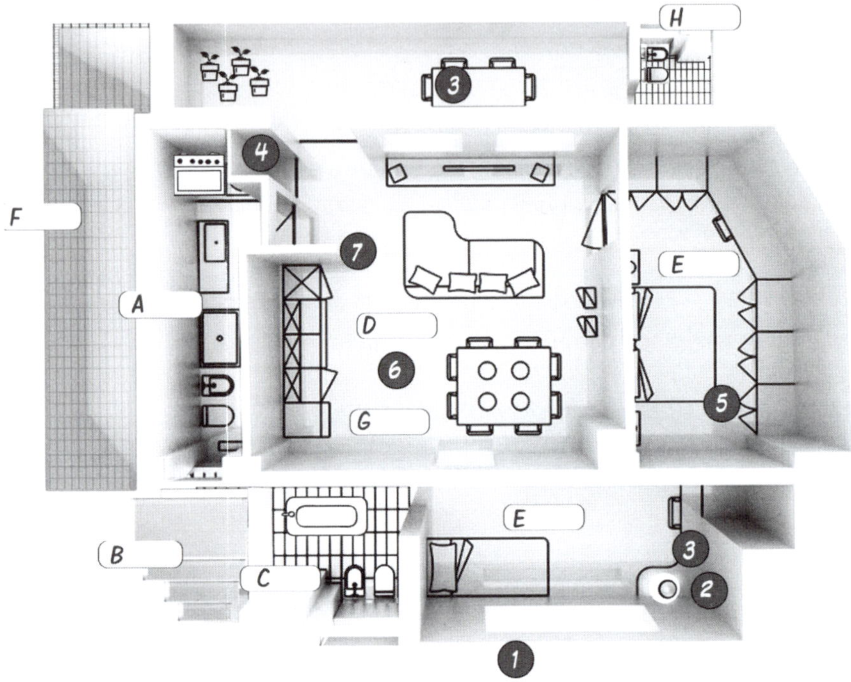

EXERCÍCIO 22 **Guessing Game (*jogo de adivinhar*).** Depois de passar um bom tempo memorizando o vocabulário sobre casas, escreva dez das palavras em pedaços de papel e coloque em cima da mesa de cabeça para baixo. Separe três palavras do grupo sem virar; você tem três tentativas – fale ou escreva três palavras e a tradução, depois vire as três palavras que você selecionou e marque um ponto para cada uma que você acertou. Selecione mais três palavras das sete que sobraram e faça mais três tentativas (é claro que fica mais fácil da segunda vez); finalmente, selecione duas das quatro palavras que sobraram e faça mais duas tentativas.

EXERCÍCIO 23 **My parents' house.** Leia e escute uma pessoa falando da casa dos seus pais e depois escreva respostas em frases completas para as perguntas de compreensão a seguir:

Let me tell you about my parents' house in London, in a place called Hampstead, about 3 km from the centre. It's a really big, white house with 4 floors, and like many houses in England it's very old, about 140 years old in fact. There's a large garden at the back of the house and a small garden at the front. There are some tall trees and there are lots of beautiful flowers in the summer.

There are 3 bedrooms on the second floor and 3 bedrooms on the 3rd floor, and there are 2 bathrooms and 3 separate toilets. Downstairs there's a kitchen, a dining-room and a small living-room, and there's also a laundry, with a washing-machine and so on. In the kitchen there's a small table and chairs where they have breakfast, and in the dining-room there's a big table with 6 chairs where they usually have lunch and dinner. On the 1st floor there's the front door, an entrance hall and then an enormous living-room...with 2 sofas, 2 armchairs, a desk and office chair, lots of pictures on the walls and lots and lots of books on the shelves...my parents love reading! Their bedroom is on the 2nd floor, with a lovely big window with a view of the street. There's a king-size bed, a wardrobe divided into 2 parts, one for my mom and one for my dad, and a dressing table with lots of photos of the family. And that's the house where my parents live!

How far is the house from the centre? It's ----------------------------
How many bedroom and bathrooms are there? There ------------------------
What is there in the garden? --------------------------------
Where do they have breakfast/dinner? --------------------------------
How many sofas are there in the living-room? --------------------------------
Where is their bedroom? --------------------------------
What can you see from their bedroom? --------------------------------
Why are there so many books? --------------------------------
What is there on the dressing table? --------------------------------

EXERCÍCIO 24 Escreva uma descrição da sua casa ou do seu apartamento, usando a estrutura a seguir como modelo. Você pode escrever sobre outras peças também (cozinha, sala de jantar, sacada etc.). Depois leia a sua descrição três vezes em voz alta:

In my .... there are .... bedrooms and there is also a ...., a .... and .... bathrooms. In the living-room, there is a .... and there are .... In my bedroom there is ...., ... and .... There .... a garden and there .... parking for .... cars.

Imagem de uma casa com todos os ambientes e móveis
http://www.englishexercises.org/makeagame/viewgame.asp?id=2342

7. PRONUNCIATION – CUT OR EXTEND? PRONÚNCIA – CORTAR OU ESTENDER?

Nas palavras que terminam em som de consoante, é preciso tomar cuidado para não continuar o som final para formar um /i/ ou /o/.

EXERCÍCIO 25 Escute e repita os exemplos:

big /big/ (*não* /big-**i**/) **Ben** /ben/ (*não* /ben-**o**/) **bad** /bad/ (*não* /ba-**dji**)

É preciso falar o final da palavra bem rápido, quase engolindo a última sílaba.

Escute e repita as palavras a seguir, sempre cortando a última sílaba para não falar a pronúncia errada entre parênteses:

good (*não* /gudji/) **stop** (*não* /stop-i/) **park** (*não* /park-i/) **late** (*não* /leit-chi/)

Segundo, é importante estender a pronúncia de palavras que terminam em um som de **/ii/**, representado em inglês pela letra **y**, ou às vezes pelas letras **ee**.

Escute a diferença: **sit** /sit/ (*sentar-se*) e **city** /sit-ii/ (*cidade*).

EXERCÍCIO 26 Escute a pessoa falando os pares de palavras a seguir. Escreva o número 1 na palavra que ela fala primeiro e o número 2 na palavra que ela fala em seguida:

a. **difficult** (*difícil*) – **difficulty** (*dificuldade*)
b. **store** (*loja*) – **story** (*uma história*)
c. **fun** (*divertido*) – **funny** (*engraçado*)
d. **sleep** (*dormir*) – **sleepy** (*com sono*)
e. **German** (*alemão*) – **Germany** (*Alemanha*)
f. **wind** (*vento*) – **windy** (*ventoso*)
g. **noise** (*barulho*) – **noisy** (*barulhento*)
h. **health** (*saúde*) – **healthy** (*saudável*)
i. **cough** (*tossir/tosse*) – **coffee** (*café*)
j. **taste** (*gosto*) – **tasty** (*gostoso*)

Escute todas as palavras novamente para comparar a pronúncia dos pares e repetir.

UNIT 8

1. THE PRESENT CONTINUOUS

EXERCÍCIO 1 Leia e escute os pares de frases e responda à pergunta: Qual é a diferença entre frases no **present simple** (**a**) e no **present continuous** (**b**), tanto na forma quanto no uso dos dois tempos verbais (depois veja a tabela a seguir)?*

a. He lives in Boston.
a. It rains a lot in Glasgow.
a. I normally make the lunch.
a. She studies at UFSC.
a. We have lunch at 12.30.
a. They watch a lot of TV.
a. The film starts at 8 o'clock.
a. You usually work Monday to Friday.

b. He's living in Boston for a year.
b. It's raining in Glasgow today.
b. I'm making pasta for lunch.
b. She's studying in the library.
b. We're having lunch with friends.
b. They're watching TV at the moment.
b. Come on! The film is starting.
b. You're working this weekend.

Present Continuous (ou *Present Progressive*)

TO BE + verb...ing
(ESTAR + verbo...ando/indo/endo)

Enquanto o *present simple* trata de **hábitos** ou **ações repetidas** (veja página 38), o *present continuous* é usado para **ações em progresso no momento** ou **atualmente**:

I'**m** work**ing**. *(Estou trabalhando.)*
He'**s** sleep**ing**. (*Ele está dormindo.*)
It'**s** work**ing**. (*Está funcionando.*)
You'**re** play**ing**. (*Vocês estão jogando.*)
You'**re** study**ing**. (*Você está estudando.*)
She'**s** wait**ing**. (*Ela está esperando.)*
We'**re** go**ing**. (*Estamos indo.*)
They'**re** build**ing**. (*Eles estão construindo.*)

Às vezes, a escolha do tempo verbal reflete uma opinião sobre a duração de um ação:

I live in Brazil. (*Moro no Brasil* – considero algo **permanente**.)
I'm living in Brazil. (*Estou morando* – considero algo **temporário**.)

- Nos verbos que terminam com a letra **e**, tira-se o e:
  We're **living** He's **leaving** I'm **writing** They're **driving**
- Nos verbos que terminam em **ie,** trocam-se essas letras por **y**:
  He's **dying** She's **lying**
- Verbos que terminam em **CVC*** (Consoante, Vogal, Consoante) – menos os que terminam em y – "dobram" a consoante final:
  It's sto**pp**ing She's ge**tt**ing up They're ru**nn**ing (*mas*: I'm pla**y**ing)
- Alguns verbos não costumam ser usados no *present continuous*, por exemplo:
  We're liking the trip. ✗ → We're enjoying the trip. ✓ (*Estamos gostando da viagem.*)
  He isn't understanding. ✗ → He doesn't understand. ✓ (*Ele não está entendendo.*)
  I'm not believing it. ✗ → I don't believe it .✓ (*Não estou acreditando.*)

---

* Existe uma exceção importante: quando a ênfase cai na *primeira sílaba*, não é preciso dobrar a consoante: They're opening, We're visiting, It's happening.

EXERCÍCIO 2 **What's happening? *(O que está acontecendo?).*** Usando os verbos a seguir, escreva uma frase no ***Present Continuous*** para descrever as imagens:

make play eat read watch swim rain study

.

2.

3.

4.

.

6.

7.

8.

EXERCÍCIO 3 Complete as frases colocando o verbo entre parênteses no ***Present Simple*** ou no ***Present Continuous***:

- Paula is in Madrid. She ________________ (stay) at the Hotel Splendido.
- **A:** What do you do? **B:** I ________________ (work) in a bank.
- **A:** What are you doing? **B:** I ________________ (write) an email.
- We usually ________________ (spend) Christmas at our beach house.
- At the moment the Brazilian economy ________________ (grow) fast.
- This week the children ________________ (read) a book about Mexico.
- In England, children normally ________________ (finish) school at 3.30.
- Can you (help) me? I ________________ (have) problems with my key.
- **A:** Where ________________ (be) Emily? **B:** She ________________ (get) ready.
- I don't often ________________ (drink) alcohol, but today we ____________ (celebrate).

Exemplos do *Present Continuous* usados em programas de televisão
https://www.youtube.com/watch?v=tVuVrVr4dvl

2. PREPOSITIONS OF MOVEMENT *PREPOSIÇÕES DE MOVIMENTO*

A preposição principal com verbos de deslocamento, de movimento de um lugar para outro, é **to**:

IR PARA = GO TO

X ⟶ Y

I go **to** school every day. This bus goes **to** Belém. They're going **to** the bank.

A mesma preposição é usada com qualquer verbo que inclui a ideia de deslocamento:
She **comes to** my house. We **drive to** work. Mira **takes** her son **to** school.

A preposição **to** também pode ser usada com **substantivo + destino**:

I'd like a **ticket to** Oxford, please. I wrote an **email to** Veja magazine.

Is this the **train to** Atlanta? Get a **taxi to** the airport.

! A preposição *to* em inglês não é usada para:

- Lugares gerais, não específicos:

  I'm going **home**. (mas I'm going to Rui's house)
  Please come **here**. We usually walk **there.** They're going **downtown**.
  Take it **inside/outside**. Let's go **upstairs/downstairs**.

- Verbos formados com **go +...ing** (geralmente esportes ou atividades ao ar livre):

  They **go** camp**ing**. She **went** snowboard**ing**. Let's **go** swimm**ing**.
  I'm **going** shopp**ing**. We **went** shopp**ing**. You can **go** sightsee**ing**.
  Can we **go** surf**ing**? They're **going** sailing. I'd love to **go** ski**ing**.

- Os verbos *ligar para, olhar para, perguntar/pedir para* e *falar para* alguém:

  Can you **call** the hotel? She's **looking at** us. I **ask** them who they are.
  Ask Jane to help you. Can you **tell** me the address? I never **tell** my mother.

EXERCÍCIO 4 **Shark attack!** Leia o texto sobre um ataque de tubarão e preencha as lacunas com **to** quando necessário, caso contrário deixe em branco. Depois escute a história completa para conferir e repetir:

Last weekend I decided to go ...... surfing, so I called my friend Josh to ask ...... him if he wanted to come ...... the beach with me. He walked ...... my house and then we got the bus ...... Bell's Beach. It took about half an hour to get ...... there, and when we arrived Josh went ...... swimming while I got ready ...... surf. Suddenly a guy came up ...... me and told ...... me that my friend was in trouble. I ran .... the sea and I saw Josh trying to swim ...... the shore and there was blood everywhere. Shark!

He yelled. When he got ...... the beach we carried him ...... a bar where we called ...... an ambulance. They took him ...... hospital, he had about 20 stitches in his arm and after a couple of hours we went ...... home. Lucky guy!

- Who did he call to go surfing? He ....
- Where did they go surfing? They ....
- How did they get to Bell's? They ....
- How long did it take to get there? It ....
- What did Josh do when they got there? He ....
- How did he know Josh was in trouble? Because a ....
- Where did the ambulance take Josh? It ....
- When did Josh go home? He ....

OTHER PREPOSITIONS OF MOVEMENT

up /ap/ **down** /daun/ **into** /intu/ out **of** /autãv/
through /thruu/ **round** /wraund/ **over** /ouvã/ **across** /ãkros/

EXERCÍCIO 5 Leia e escute as frases a seguir e depois combine com as imagens de **a** a **h**:

- The chicken is running across the road.
- We drove around the Arc de Triomphe.
- They're climbing up the mountain.
- I went into the store and asked for directions.
- The train is going through a tunnel.
- Go over the bridge and turn left.
- She fell down the stairs.
- Everybody get out of the water!

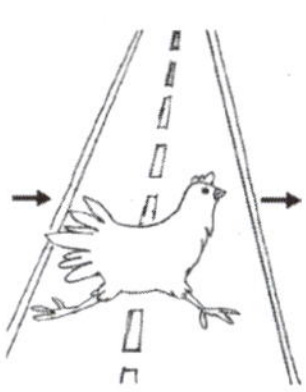
a. ....

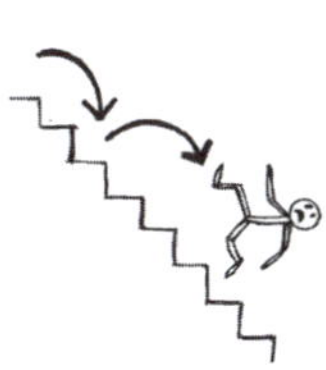
b. ....

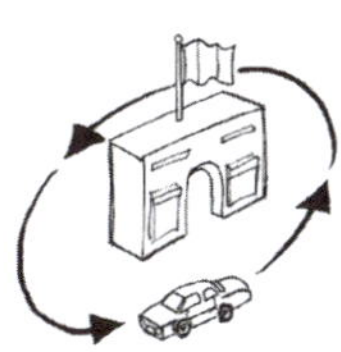
c. ....

d. ....

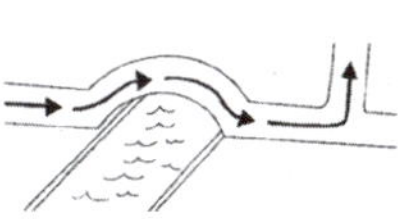
e. ....

f. ....

g. ....

h. ....

EXERCÍCIO 6 Escolha a opção correta para completar as frases a seguir:

- You should go *across/up/down* the Pão de Açúcar. The view is fantastic!
- I sometimes spend a day walking *over/around/out of* the old city.
- My dog can jump *down/over/round* the wall, so he often escapes.
- You can't go *up/into/out of* the supermarket without a shirt.
- They're going to drive *out of/into/across* America, from New York to L.A.
- The hotel prices go *up/over/across* during the Christmas vacation.
- At night I always run *over/through/down* the park as quickly as possible.
- When you come *out of/into/across* the sauna, you feel very relaxed.

Resumo de preposições de movimento, com traduções e exemplos
http://www.inglescurso.net.br/gramatica-inglesa/95-preposicoes-prepositions/514-prepositions-of-movement

3. PRONUNCIATION – FAMILIES (2) *PRONÚNCIA – PALAVRAS COM PADRÃO DE PRONÚNCIA (2)*

Existem muitos substantivos em inglês que terminam em -**tion**, quase sempre o equivalente a -**ção** em português.

Escute e repita:

information /infãmeichãn/ (*informação*) **emotion** /imouchãn/ (*emoção*)

A pronúncia do **-tion** é /**chãn**/, assim como a ênfase, cai em uma sílaba antes (paroxítona).

Escute e repita:

protection /prãtekchãn/ (*proteção*) **organisation** /orgãnaizeichãn/ (*organização*)

EXERCÍCIO 7 Com base nos exemplos já apresentados, traduza as palavras a seguir do inglês para o português, ou vice-versa. Depois escute para conferir e repetir:

communication__________	reception__________	nation__________
occupation__________	option__________	description__________
association__________	education__________	action__________
imaginação__________	inflação__________	instruções__________
conversação__________	ambição__________	decoração__________
posição__________	condição__________	situação__________

Lista de 3028 palavras que terminam em *-ion*, de acordo com a frequência de uso. Veja como é fácil traduzir a grande maioria!
http://www.morewords.com/most-common-ends-with/ion/

Teacher Tatiane da um resumo rápido da pronúncia de *–ion*
https://www.youtube.com/watch?v=kRnJ4NavWA4

4. PRESENT CONTINUOUS – NEGATIVE AND QUESTIONS

NEGATIVO E PERGUNTAS

EXERCÍCIO 8 Leia e escute os dois diálogos curtos a seguir e sublinhe as formas negativas e interrogativas do ***Present Continuous***:

A: Hi Jackie, are you preparing for the meeting?

B: I'm having a panic attack! The meeting is starting in 5 minutes and the printer isn't working.

A: I can see, the paper isn't going in. Um... is Alan working today? He's really good with computer stuff.

B: I'm calling him now... Damn! He's not answering!

A: John called. They're not coming.

B: Why, is he going to the office?

A: No, Patty's not feeling well.

B: What about Sue and Miles, are they coming?

A: Yes, they're leaving now.

Present Continuous			
Negative		**Questions**	
Negativo do **to be** (veja página 25):		Interrogativo do **to be** (veja página 20):	
I'm not	playing	**Am I**	interrupting?
You aren't	going	**Are you**	staying?
He/She/It isn't	working	**Is she/he/it**	coming soon?
We aren't	leaving	**Are we**	having dinner?
They aren't	helping	**Are they**	studying?

EXERCÍCIO 9 Escreva as frases a seguir na forma indicada entre parênteses; **P** = *positive*, **N** = *negative*, **Q** = *question.*

Por exemplo: Is she studying? (**N**)→ *She isn't studying.*

I'm living in Rio. (**N**) ______________________

He's watching TV. (**Q**) ______________________

Are you staying here? (**N**) ______________________

It isn't raining. (**Q**) ______________________

They're not leaving. (**Q**) ______________________

I'm kidding. (**N**) ______________________

She's working hard. (**Q**) ______________________

(**N**) ______________________

The children are sleeping. (**Q**) ______________________

EXERCÍCIO 10 Escreva as frases com as palavras na ordem correta:

- not John today working and are Maria ____________
- are doing you what? lunch I having 'm ____________
- playing Nadal in Federer final is the ____________
- 2 parents are his for staying weeks ____________
- going you where are? 're home going we ____________
- this not staying Mr is hotel Green at ____________
- drinking pizza we and eating are beer ____________
- raining it is? snowing no is it ____________

Tabela bem clara de todas as formas do *Present Continuous*
http://web2.uvcs.uvic.ca/elc/studyzone/330/grammar/pcontnq.htm

Resumo (da Narielyn Elias) da diferença entre *Present Simple* e *Present Continuous*
http://www.slideshare.net/narielias/simple-present-x-present-continuous

5. ADJECTIVES (1) *ADJETIVOS (1)*

EXERCÍCIO 11 Leia as frases a seguir e troque os adjetivos sublinhados pelo adjetivo antônimo na tabela. Dois adjetivos são usados duas vezes, porém com sentidos diferentes. Depois escute as frases corretas para conferir e repetir:

slow /slou/ **clean** /kliin/ **long** /long/ **cold** /kold/ **short** /chort/
old /old/ **tall** /tol/ **difficult**/difikält/ **expensive**/ekspensiv/
interesting/intresting/ **dangerous**/deindjerãs/ **friendly** /frendli/

- How tall is Cristiano? He's really short, about 1.90 m.
- Women normally stay in the bathroom for a short time.
- Surfing is quite a safe sport; there are a lot of accidents.
- My dad is getting young. He's going to be 80 next year.
- Cars in Brazil are very cheap, especially imported ones.
- It gets really hot in Montreal in the winter, sometimes -20°C.
- The Louvre Museum is so boring, we stayed there for 8 hours.
- We have a problem. The hotel room is not very dirty.
- 20 minutes for a hamburger? The service is so fast!
- It's really easy to pass the vestibular to study medicine at USP.
- Brazilian people are famous for being very unfriendly.
- This computer is so new. It's got Windows 95!

Adjectives

- **Posição**: O adjetivo vem sempre **antes do substantivo**:
  A **cheap** hotel (*Um hotel barato*) An **old** man (*Um homem velho*)
  The **big** tree (*A árvore grande*) An **easy** test (*Uma prova fácil*)

- **Plurais**: O adjetivo é invariável:
  A **good** student (*Um bom aluno*) → **Good** students (*Bons alunos*)
  A **rich** woman (*Uma mulher rica*) → **Rich** women (*Mulheres ricas*)

- **It**: Para traduzir frases como *É longe, Está quente, É interessante* etc., é necessário usar o pronome *it:* **It**'s far, **It**'s hot, **It**'s interesting etc.

- **Get**: Além do verbo **to be**, é comum usar **get + adjective** (*ficar + adjetivo*):
  I'm **getting** cold. (*Estou ficando com frio.*); He **gets** bored. (*Ele fica entediado.*)
  Does your husband **get** jealous? (*Seu marido fica com ciúmes?*)

EXERCÍCIO 12 **Adjectives game.** Primeiro escreva as traduções de todas as palavras. Depois fale frases curtas com combinações de um dos adjetivos e um dos substantivos (na maioria dos casos, há várias combinações possíveis).

Por exemplo*:* velho = old + casa = house → They live in an old house.

frio caro curto
velho perigoso simpático
fácil interessante limpo

relógio filme quarto
dia pergunta viagem
pessoas casa estadia

EXERCÍCIO 13 Fale combinações do mesmo tipo com os adjetivos antônimos e outros substantivos:

quente barato longo
novo (×2) seguro antipático
difícil entediante sujo

aula livro carro
cama bebida garçom
problema prédio curso

Jogo de memória com adjetivos opostos
https://matchthememory.com/A2adjectives

6. PRONUNCIATION – WORD STRESS (2)

PRONÚNCIA – ÊNFASE EM PALAVRAS (2)

Para palavras de duas sílabas, existe uma tendência de ênfase em inglês (mas não uma regra fixa):

Verbos	Ênfase na **2ª sílaba** → arrive, begin, forget, relax
Substantivos/adjetivos	Ênfase na **1ª sílaba** → table, jacket, happy, stupid

Na língua inglesa, existe um grande número de substantivos compostos, principalmente uma combinação de dois substantivos que juntos formam outro. Nesse caso, a ***ênfase sempre cai na primeira palavra***. Por exemplo:

hair (*cabelo*) + **brush** (*escova*) = a **hairbrush** (*uma escova de cabelo*)
sun (*sol*) + **glasses** (*óculos*) = some **sunglasses** (*óculos de sol*)
snow (*neve*) + **board** (*prancha*) = a **snowboard** (*um snowboard*)

Muitas vezes a combinação dá outro sentido ao substantivo:

boy (*menino*) + **friend** (*amigo*) = a **boyfriend** (*um namorado*)
ice (*gelo*) + **cream** (*creme de leite*) = an **ice-cream** (*um sorvete*)
pan (*panela*) + **cake** (*bolo*) = a **pancake** (*uma panqueca*)

EXERCÍCIO 14 Tente deduzir o significado das combinações a seguir e escreva no espaço entre parênteses. Depois escute e repita todas as palavras – sempre com a ênfase na primeira palavra:

note (*anotação*) + **book** (*livro*)	= a **notebook**	(__________)
sweat (*suor/suar*) + **shirt** (*camisa*)	= a **sweatshirt**	(__________)
ear (*orelha*) + **ring** (*anel*)	= an **earring**	(__________)
phone (*telefone*) + **book** (*livro*)	= a **phonebook**	(__________)
bus (*ônibus*) + **station** (*estação*)	= the **bus station**	(__________)
ash (*cinza*) + **tray** (*bandeja*)	= an **ashtray**	(__________)
time (*tempo*) + **table** (*tabela*)	= a **timetable**	(__________)
arm (*braço*) + **chair** (*cadeira*)	= an **armchair**	(__________)
photo (*foto*) + **copy** (*cópia*)	= a **photocopy**	(__________)

Quando a primeira palavra tem mais de uma sílaba, na maioria dos casos a regra ainda vale, com a ênfase na *primeira sílaba da primeira palavra*:

boarding card (*cartão de embarque*), **dining-room** (*sala de jantar*), **chewing gum** (*chiclete*), **movie star** (*estrela de cinema*), **swimming pool** (*piscina*), **basketball** (*basquete*), **washing-machine** (*máquina de lavar roupa*)

EXERCÍCIO 15 Sublinhe a sílaba tônica nos substantivos compostos nas frases a seguir, todos usados também na língua portuguesa (mas com uma ênfase diferente!). Depois escute as frases para conferir e repetir:

- The kids are playing video-games on the laptop.
- Go to the check-in desk, you can buy a ticket with a credit card.
- We're going to the shopping centre to get a cheeseburger and a hotdog.
- We went to the showroom for a test drive, but the car doesn't have any airbags.
- He works in a petshop during the day and as a barman at night.

Prática de *compound nouns* (compostos por dois substantivos)
http://www.better-english.com/grammar/nounnoun.htm

7. CLOTHES *ROUPAS*

EXERCÍCIO 16 Estude a lista de roupas na tabela durante 15 minutos, depois cubra e escreva as palavras apropriadas nas imagens a seguir:

a **T-shirt**	/tiichert/	(*camiseta*)		**shoes**	/chuuz/	(*sapato*)
a **hat**	/rat/	(*chapeu*)		**pants**	/pants/	(*calça*)
a **cap**	/káp/	(*boné*)		**jeans**	/djiinz/	(*calça jeans*)
a **shirt**	/chert/	(*camisa*)	**some**	**boots**	/buuts/	(*bota*)
a **sweatshirt**	/swetchert/	(*moletom*)		**gloves**	/glavz/	(*luva*)
a [mini]**skirt**	/miniskert/	(*minissaia*)		**socks**	/soks/	(*meia*)
a **suit**	/suut/	(*terno*)	**a pair of**	**shorts**	/chorts/	(*bermuda*)
a **tie**	/tai/	(*gravata*)		**sneakers**	/sniikãz/	(*tênis* – **US**)
a **belt**	/belt/	(*cinto*)		**trainers**	/treinãz/	(*tênis* – **GB**)
a **dress**	/dres/	(*vestido*)		**panties**	/pantiz/	(*calcinha*)

! Memory tip. Para decorar uma lista de vocabulário (de vestuário, comidas, móveis etc.), uma técnica interessante é construir, de memória, uma lista palavra por palavra, sempre repetindo a lista inteira depois de acrescentar uma palavra. Por exemplo, comece com uma frase assim:

In my wardrobe (ou fridge/house/room/country etc.) **there is a black jacket**.

Depois adicione outra roupa e repita a frase, com uma mistura de substantivos singulares e plurais:

In my wardrobe there is a **black jacket** and there are **5 pairs of jeans**.
In my wardrobe there is a **black jacket**, there are **5 pairs of jeans** and there is a **Ralph Lauren shirt** etc., até você não lembrar mais de um dos itens.

VERBS AND CLOTHES

Os verbos mais usados com roupas e vestuário são:

- **To wear** (*Usar* algo no corpo – roupa/joia/maquiagem/protetor*). Muitas vezes esse verbo é usado no *Present Continuous*:

She **wears** a lot of make-up.	(*Ela usa muita maquiagem.*)
I **wear** a suit and tie at work.	(*Eu uso terno e gravata no trabalho.*)
I'**m wearing** black pants.	(*Estou usando uma calça preta.*)
She'**s wearing** a purple dress.	(*Ela está usando um vestido roxo.*)
What **are** you **wearing**?	(*Qual roupa você está usando?*)

- **To put on** (*Colocar; vestir [no corpo]*) e **To take off** (*Tirar [do corpo]*)

I **put on** my socks before my pants.	(*Coloco [visto] minha meia antes da calça.*)
Come in, **take off** your jacket.	(*Entre aí, tire seu casaco.*)

- **To get dressed** (*Vestir-se*)

It took 5 minutes to **get dressed**.	(*Levou cinco minutos para se vestir.*)
Hold on, I'm **getting dressed**.	(*Peraí, estou me vestindo.*)

EXERCÍCIO 17 **What's he/she wearing?** Escreva frases sobre as roupas que as pessoas nas imagens estão usando, por exemplo:

He's wearing shorts.;She's wearing a dress.

---

* A tradução do verbo *usar*, no sentido de utilizar, é **to use:** Can I *use* the phone?, She *uses* a lot of paper. No sentido de usar uma roupa, porém, o correto é **to wear.**

1. 2. 3. 4.

EXERCÍCIO 18 Usando lápis de cor (ou apenas a imaginação), pinte as roupas com diferentes cores, depois escreva as frases novamente com as cores para dar mais detalhes das roupas, por exemplo:

He's wearing brown shorts, She's wearing a red dress.

EXERCÍCIO 19 Escreva roupas na tabela de acordo com a frase no lado esquerdo, sempre com **a/an** para roupas singulares e **some/a pair of** para roupas plurais. Você pode incluir também as cores das roupas (a **red** T-shirt, a pair of **white** sneakers etc.) e procurar no dicionário outras roupas, tecidos ou estampas (a **leather** jacket, a **plaid** shirt etc.):

I wear at school/work	------------------------------ ------------------------------
I'm wearing now	------------------------------ ------------------------------

My parents wear	
I don't like	
We wear in winter	
We wear in summer	

EXERCÍCIO 20 **Palavras cruzadas**. Escreva as roupas de acordo com as traduções:

1						2	7			8
				9						
			3							
		4				10			11	
12										
			5	13						
6										

Horizontal:

1. boné **2. camisa** **3. calção** **4. vestido** **5. cinto** **6. moletom**

Vertical:

7. chapéu **8. gravata** **9. sapato** **10. terno** **11. camiseta** **12. calça** **13. sutiã**

Imagens e vários exercícios sobre roupas
http://www.eflnet.com/vocab/clothing_vocabulary.php

UNIT 9

1. THE PAST SIMPLE – REGULAR VERBS

O PASSADO – VERBOS REGULARES

EXERCÍCIO 1 Leia, escute e repita o texto sobre o que essa pessoa fez durante o fim de semana e sublinhe todos os verbos regulares no passado (como já foi feito na primeira linha). Como se forma o passado dos verbos regulares?

Last weekend we stayed at home and relaxed. On Saturday it rained all day, so in the morning we cleaned the house and washed clothes, and in the afternoon we watched a family movie and then called my sister on Skype (she moved to Canada 3 years ago). On Sunday morning I played football in the garden with my son (well, he played and I tried to play!), then I worked for an hour and my son studied for a test. My wife decided to make a big lunch, so we invited some friends to come over and she cooked roast beef and an apple pie. When we finished lunch we looked at old photos and talked about our time as students. So, a simple weekend, but we really enjoyed it!

Past Simple – Regular verbs

Verb + ed

I stay	→ I stay**ed**	It rains	→ It rain**ed**
You work	→ You work**ed**	We walk	→ We walk**ed**
He waits	→ He wait**ed**	You watch	→ You watch**ed**
She cooks	→ She cook**ed**	They call	→ They call**ed**

- Verbos que terminam com a letra *e*, adiciona-se apenas o *d*:

  I like → I like**d** They save → They save**d** She arrives → She arrive**d**

- Verbos que terminam em **consoante + y** mudam para **– ied**:

  They study → They stud**ied**, He carries → He carr**ied**, We try → We tr**ied**

Porém, verbos que terminam em **vogal + y** não mudam:

He plays → He play**ed**, We stay → We stay**ed**, I enjoy → I enjoy**ed**

- Verbos que terminam **CVC** (consoante, vogal, consoante) com a ênfase na segunda sílaba, "dobra-se" a última consoante:

  It stops → It sto**pp**ed, They admit → They admi**tt**ed, I prefer → I prefe**rr**ed

Porém, se a ênfase cai na primeira sílaba, não é preciso dobrar a consoante:

visit → visi**t**ed, happen → happe**n**ed, enter → ente**r**ed, open – ope**n**ed

O *Past Simple* é usado para uma **ação que começou e terminou no passado**, o que pode ser o equivalente a mais de um tempo verbal na língua portuguesa:

They **loved** the present. (*Elas **adoraram** o presente.*)

He **played** Wii while I **waited**. (*Ele **jogou** Wii enquanto eu **esperava**.*)

She **smoked** a lot at that time. (*Ela **fumava** muito naquela época.*)

EXERCÍCIO 2 Transforme as frases a seguir do presente para o passado, ou vice-versa:

- We play golf with our boss → We played golf with our boss.
- He tried to be a good husband. → He ____________________
- Sally never arrives on time. → ____________________
- It rained here every day. → ____________________
- I really like the hotel food. → ____________________
- She studies marketing at Harvard. → ____________________
- Her friends called every day. → ____________________
- My parents stay at my apartment. → ____________________
- Brazil needs to win the match. → ____________________
- The maid cleaned the room. → ____________________

EXERCÍCIO 3 Complete as frases com um exemplo apropriado:

- In the last holidays, I stayed ____________________
- A long time ago, I played ____________________
- At school we studied ____________________
- In the past people worked ____________________
- A friend of mine lived ____________________
- When I arrived home yesterday, I ____________________
- Yesterday I watched ____________________
- When I was young, I enjoyed ____________________
- Recently I started ____________________

Prática do *Past Simple* com verbos regulares
http://www.englishexercises.org/makeagame/viewgame.asp?id=4234

Música engraçada resumindo as regras do *past simple*
http://www.youtube.com/watch?v=63KtKie_uhs

2. THE PRONUNCIATION OF -ED *A PRONÚNCIA DE -ED*

Há uma tendência entre os brasileiros de pronunciar todos os verbos regulares no passado com uma sílaba a mais, por exemplo:

liked = **/laik-ed/** ✗ watched = **/uotsch-ed/** ✗ arrived = **/ãraiv-ed/** ✗

Na verdade, o **-ed** é geralmente incluído na sílaba antes.

Escute e repita:

liked = /**laikt**/ ✓ watched /**uotscht**/ ✓ arrived = /**ãraivd**/ ✓

Apenas quando o verbo **termina em t ou d** (antes do -ed), a pronúncia fica com uma sílaba a mais, o que produz o som de **/id/** no final.

Escute e repita:

nee**d**ed /niid-**id**/ wan**t**ed /uont-**id**/ wai**t**ed /ueit-**id**/ en**d**ed /end-**id**/

EXERCÍCIO 4 Escute o ***Past Simple*** dos verbos regulares a seguir e escreva a pronúncia de acordo com os exemplos anteriores:

finish /________/	**introduce** /________/	**hate** /________/
organize /________/	**hope** /________/	**invite** /________/
decide /________/	**close** /________/	**permit** /________/
open /________/	**connect** /________/	**talk** /________/

Uma das dicas de pronúncia do grande professor Artur
http://www.youtube.com/watch?v=T5C8Fz05WPM

3. EXPRESSIONS OF PAST TIME *EXPRESSÕES DO PASSADO*

EXERCÍCIO 5 Leia e escute as frases a seguir e coloque na ordem correta, começando com a mais recente (*yesterday):*

I bought these shoes **3 weeks ago**.
Last week we finished the project.
The letter arrived **3 days ago**.
The accident happened **2 years ago**.

She called me **the day before yesterday**.
It rained all day **yesterday** (**1**).
I played the guitar **when I was young**.
Last July we spent a week in Dubai.

Expressions of past time

10 seconds / 5 minutes / an hour / 2 days / 3 weeks / 6 months / many years / a long time — **ago** (*atrás*)

last (*Passado*) — week / month / April / year

The last time I____ was____
(*A última vez que eu____ foi____*)

Yesterday (*Ontem*)
The day before yesterday
(*Antes de ontem/anteontem*)
The week before last
(*A semana retrasada*)

In the past (*No passado*)
When I was [a child/young/a teenager]
(*Quando eu era [criança/jovem/adolescente]*)
When we were [at school/in Portugal]
(*Quando estávamos [na escola/em Portugal]*)

EXERCÍCIO 6 Escreva frases (da vida real) com uma combinação de um verbo no ***Past Simple*** e uma das expressões do passado, por exemplo:

chegar = *arrived* → *Yesterday I arrived home at 6.30.*
ligar = *called* → *Jussara called me 2 hours ago.*

chegar estudar
ligar

decidir jogar
morar

quando eu
era....................
...........anos atrás
na semana passada

antes de ontem
.... horas atrás
ontem

.... dias atrás
no passado
no ano passado

Exercício de múltipla escolha sobre expressões de tempo passado
http://www.tolearnenglish.com/exercises/exercise-english-2/exercise-english-24228.php

Diversas expressões de tempo, com traduções e explicações
https://www.estudopratico.com.br/expressoes-de-tempo-em-ingles/

4. THE PAST SIMPLE – IRREGULAR VERBS *O PASSADO – VERBOS IRREGULARES*

EXERCÍCIO 7 Leia as frases a seguir com exemplos de verbos irregulares no ***Past Simple*** em negrito e identifique o verbo em cada frase (por exemplo, **came = to come**). Depois coloque as frases na ordem correta para formar a biografia de um imigrante que foi para os Estados Unidos:

In 1969 he **came** to the USA with US$20 in his pocket. ( )
He **said** she **was** the only woman in the world for him. ( )
My father **was** born in Germany in 1949. (**1**)

He **left** his job, **bought** a van and started delivering groceries. ( )
He worked there for 5 years and **made** some money. ( )
Then they **had** 2 children, me and my sister! ( )
In 1975 he **met** my mother at a friend's house. ( )
He **spent** his first 20 years living in a town called Wankdorf. ( )
He immediately **found** a job washing dishes in a restaurant. ( )
2 years later they **got** married and went to Reno on honeymoon. ( )

Escute e repita os exemplos dos verbos com passado irregular:

Past Simple – Examples of irregular verbs

To go → **went** /uent/	To buy → **bought** /bort/*	To see → **saw** /sor/*
To have → **had** /rad/	To say → **said** /sed/	To spend → **spent** /spent/
To get → **got** /got/	To take → **took** /tuk/	To think → **thought** /thort/
To do → **did** /did/	To meet → **met** /met/	To give → **gave** /geiv/
To make → **made** /meid/	To leave → **left** /left/	To tell → **told** /told/
To come → **came** /keim/	To bring → **brought** /brort/*	To find → **found** /faund/

O único verbo que tem duas formas no past simple é **to be**:

WAS (*singular*): I **was** 15, He **was** hungry, She **was** happy, It **was** cold
WERE (*plural* + *you*): We **were** late, You **were** fantastic, They **were** lost

A pronúncia de *was* /uoz/ muda para /**uãz**/ em conversas rápidas. Escute e repita os exemplos anteriores, prestando atenção na pronúncia de ***was***.

* Isso representa a pronúncia do inglês britânico; um americano diria /bâât/, /sââ/ e /brâât/.

EXERCÍCIO 8 **General knowledge quiz *(questões de conhecimento geral)***. Para ganhar um ponto, complete a frase com o ***Past Simple*** do verbo entre parênteses. Para ganhar o segundo ponto, escolha a opção correta na tabela depois das frases:

- Prince William ________ (meet) Kate at (**1**) and they ________ (get) married in (**2**) 2011
- Mark Zuckerburg ________ (make) his first $1 billion when he ________ (be) (**3**)
- The (**4**) ________ (give) the Statue of Liberty to the Americans in 1886.
- Women in Switzerland ________ (get) the vote in (**5**)
- King Henry VIII of England ________ (have) (**6**) wives.
- Nelson Mandela ________ (spend) (**7**) years in prison.
- (**8**) ________ (leave) England in 1910 and ________ (go) to America.
- It ________ (take) (**9**) years to build the city of Brasília.
- The character (**10**) ________ (say) "To be or not to be, that is the question".

1.a. school **b.** university **c.** a party **2. a.** April **b.** June **c.** July **3. a.** 23 **b.** 25 **c.** 27
4. a. British **b.** Germans **c.** French **5. a.** 1971 **b.** 1952 **c.** 1933 **6. a.** 6 **b.** 4 **c.**5
7. a. 12 **b.** 18 **c.** 27 **8. a.** Groucho Marx **b.** Charlie Chaplin **c.** Clark Gable
9. a. 4 **b.** 6 **c.** 8 **10. a.** Romeu **b.** Hamlet **c.** Juliet

EXERCÍCIO 9 **Jeopardy®** (programa da televisão americana). Cada questão sobre o ***Past Simple*** vale 10, 20 ou 30 pontos - dependendo do nível de dificuldade. Para jogar sozinho, escolha uma categoria e decida o grau de dificuldade da pergunta. Confira a resposta, e, se acertar a frase toda, você ganha o número de pontos correspondente. Veja quantos pontos você consegue depois de 15 questões. Para jogar com outra pessoa, cada um escolhe uma questão para ganhar mais pontos do que o outro jogador.

CATEGORIA	10	20	30
Translate	Eu fui para Paris.	Ela veio dos Estados Unidos.	Ele trouxe muita bagagem.
Present → past	She **gets** a lot of emails.	Everyone **takes** the bus.	I **think** London **is** amazing.
Fill the gap	We ___________ football yesterday.	He ___________ $80 on the tickets.	I _________ my wife at a party in 1995.
Past → present	They **had** lunch at 12.30.	Sandra **made** delicious cakes.	I **bought** some fruit and vegetables.
Opposite	We **came** home late.	Harry **lost** his cellphone.	They **arrived** in Las Vegas (**rich**).

Exercícios para praticar os verbos irregulares
https://www.perfect-english-grammar.com/irregular-verbs-exercise-1.html

Cena de filme com diversos verbos no *Past Simple*
https://www.youtube.com/watch?v=v5dklneCct0

Música do John Denver cheia de exemplos do *Past Simple*, regular e irregular
http://www.youtube.com/watch?v=n8JW4N3e70g

5. PRONUNCIATION – SCHWA *PRONÚNCIA – SCHWA*

Como já vimos (na página 39), uma determinada parte de uma palavra pode ter mais ênfase, e em inglês isso pode causar uma mudança de pronúncia nas partes que *não* têm ênfase - as chamadas ***weak forms*** (***formas fracas***). Na maioria dos casos o som produzido é o mesmo /ə/, parecido com o som de /ã/ em português.

Esse som aparece literalmente em milhares de palavras, sempre em uma parte da palavra sem ênfase. Pode aparecer em qualquer parte da palavra ou mais de uma vez na mesma palavra.

Escute e repita os exemplos:

No começo	again /ãgein/ Police /pãliis/ together /tãgethã/ apartment /ãpartmãnt/ survive /sãvaiv/ forget /fãget/
No meio	yesterday /iestãdei/ information /infãmeichãn/ terrible /terãbãl/ Saturday /satãdei/ understand /andãstand/ opposite /opãsit/
No final	pizza /piitsã/ sister /sistã/ sugar /chugã/ doctor / doktã/ famous /feimãs/ possible /posãbãl/ choclolate /tchoklãt/

EXERCÍCIO 10 Escute e repita as palavras a seguir e sublinhe a(s) parte(s) da palavra com o som de /ə/:

• envelope • America • talkative • entertainment • company • arrivals • cousin • physical • temperature • ridiculous • double room • engineer

EXERCÍCIO 11 Escute os pares de palavras a seguir e sublinhe aquela que inclui o som de /ə/ e a sílaba em que aparece:

a. woman : women
b. borrow : tomorrow
c. Asia : ages
d. cookies : cookers
e. organize : criticize
f. suitcase : suitable
g. Mickey Mouse : Bart Simpson
h. internet : text message
i. frightened : frightening
j. certificate : calculate
k. photocopy : photograph
l. mobile phone : phone number

Um *podcast* sobre a pronúncia de *schwa* em palavras soltas
http://www.youtube.com/watch?v=5Yj-uAltQJk

6. ADJECTIVES (2) – PEOPLE *ADJETIVOS (2) – PESSOAS*

EXERCÍCIO 12 Leia e escute uma pessoa falando de um casal cujos componentes são bem diferentes um do outro.

Opposites attract?

It's funny how some couples are completely different from each other, isn't it? For example, I've got some friends called Stella and Tony who are happily married, but they're like total opposites... she's really tall and slim and good-looking... she's like all glamourous and looks like a film star. Tony, on the other hand, is really short and overweight, and a bit ugly to be honest. But he's really smart and interesting, and reads loads of books, while Stella is kind of boring and is only really interested in fashion and celebrities. She's also quite rude and impatient and gets angry very quickly, while he's really calm and always polite; a real gentleman. She's conservative, he's liberal; he's funny, she has no sense of humour; she likes the beach, he likes the mountains.... it's incredible that they stay together, but, as they say, opposites attract!

Aparência	Personalidade
thin /thin/ (*magro*) **slim** /slim/ (*esbelto*)	**smart** /smart/ (*inteligente*)
overweight /ouvãueit/ (*sobrepeso*)	[**im**]**polite** /pãlait/ (*[mal-]educado*)
good-looking /gud luking/ (*bonito*)	**rude** /wruud/ (*grosso*) **calm** /karm/ (*calmo*)
cute /kiut/ (*bonitinho*) **ugly** /agli/ (*feio*)	**interesting** /intresting/ (*interessante*)
strong /strong/ (*forte*)	**funny** /fani/ (*engraçado*)
well-dressed /uel drest/ (*bem-vestido*)	**boring** /boring/ (*chato*) **angry** /angri/(*bravo*)

- **Very** /veri/ e **Really** /wriãli/ (*Muito*) – antes de qualquer adjetivo:
  I got **really** angry. It's **very** easy. He's **really** tall and **very** thin.
- **A bit** /ãbit/ e **a little** /ãlitãl/ (*Um pouco*), geralmente antes de adjetivos negativos:
  She's **a little** stupid. He's **a bit** rude. They're **a bit** overweight.
- **Quite** /kwait/ (*Um pouco, meio*), antes de qualquer adjetivo:
  Jack is **quite** good-looking. The film was **quite** boring. I'm **quite** tired.

EXERCÍCIO 13 Use os adjetivos do exercício anterior para descrever as imagens:

a./b.

c.

d.

Familyshoppingbag.com

e.

f./g.

h.

EXERCÍCIO 14 Escreva frases curtas sobre pessoas que você conhece, ou pessoas famosas, usando todos os adjetivos do exercício anterior, além das palavras novas que você procurou no dicionário. Por exemplo:

My girlfriend is good-looking, Jim Carrey is really funny.

Jogo de combinar áudio com imagens
http://eslgamesworld.com/members/games/vocabulary/memoryaudio/description/index.html

7. THERE WAS/THERE WERE *HAVIA, TINHA/TINHAM, EXISTIA/EXISTIAM*

EXERCÍCIO 15 Assim como ***there is/there are*** é usado no sentido de há, houve, existe (veja página 97), as frases **there was** e **there were** são usadas no passado.

Escute e repita:

There was a pool on the roof. (***Tinha*** *uma piscina na cobertura.*)
There were about 700 types of dinosaur.
(***Existiam*** *mais ou menos 700 tipos de dinossauro.*)
There was an emergency. (***Houve*** *uma emergência.*)
There were 600 players at the World Cup. (***Havia*** *600 jogadores na Copa.*)

! A pronúncia de *was* e *were* muda para /uãz/ e /uã/ em conversas do dia a dia:

There was an explosion. /**theuãz**/ There were 6 people. /**theuã**/

EXERCÍCIO 16 **The same wedding? (*O mesmo casamento?*).** Leia as duas descrições do mesmo casamento e preencha as lacunas com ***there was*** ou ***there were***. Depois escute as versões completas para conferir e repetir:

Last weekend we went to Rob and Marina's wedding in Hawaii. It was so romantic – ______________ flowers everywhere and ______________ an altar with a canopy overlooking the beach. ______________ over 200 guests for dinner, and ______________ waiters in traditional Hawaiin clothes serving the food. ______________ champagne in crystal classes, ______________ lobster and caviar and of course ______________ an enormous cake with two little surfers on top... it was so sweet!

A few days ago ______________ an awesome wedding party in Hawaii. ______________ all Rob's surfing buddies wearing tuxedos and ______________ like a million hot girls there. Most importantly, ______________ free beer all night, and ______________ this really cool band, playing blues and reggae tunes... sweet! Oh, yeah, and ______________ a ton of food, like steak and ice-cream... excellent!

Mais prática de *there was* e *there were*
http://www.inglesonline.com.br/exerciciosdeinglesonline/there-was-were.htm

8. PHRASAL VERBS (2)

Alguns *phrasal verbs* podem ser entendidos pelo sentido padrão da segunda parte, por exemplo:

BACK = de volta **AWAY = em outro lugar/longe**

EXERCÍCIO 17 Leia e escute Claudia e Megan falando sobre uma viagem que não deu certo, depois correlacione os **phrasal verbs** em negrito com as traduções a seguir:

C: Hi, it's Claudia. How are you?
M: Good. Tired.
C: Did you guys **go away** for Christmas?
M: Yes, we went to Jamaica. We **got back** last week.
C: Cool. And then you **came back** to this rain!
M: Well, actually, it's good to **be back. Keep away** from Jamaica, it's dangerous.
C: Why, what happened?
M: On the first day a little kid in the market took our camera and **ran away**. We went to the police, but we never **got** it **back**. The hotel was really dirty; we wanted to leave, but they **took** our passports **away** and refused to **give** them **back**!
C: That's terrible. Can't you ask for your money **back**?
M: We're trying. But we're never **going back** to Jamaica, that's for sure! Listen, I've got to **get back to** work. Can I call you later?
C: Sure. I have to **put away** the shopping anyway. Speak to you later, bye.

• voltar (ir) • voltar (vir) • receber de volta • guardar • voltar a fazer
• estar de volta • chegar (de volta) • dar de volta • tirar • viajar
• ficar longe/se afastar • sair correndo

EXERCÍCIO 18 Complete as frases a seguir com um dos **phrasal verbs** do exercício anterior na forma correta, depois escute para conferir e repetir:

- When I saw that enormous dog, I just ____________ as fast as possible.
- Yesterday we went to a party and we didn't ____________ until 3 a.m.
- Can you please tell him that Jeff called and ask him to ____________ later.
- Did they ____________ last weekend? Yes, they went to Gramado.
- Last year we went to Bahia and loved it, so we ____________ this year.
- Normally my wife washes the clothes and I ________ them ________
- ____________! This area is closed to the public.
- Can you give me R$20,00? I promise to ________ it ________ tomorrow.

Outros *phrasal verbs* com *away*, mais um exercício
http://www.saberingles.com.ar/idioms/phrasalverbs/away.html

UNIT 10

1. THE PAST SIMPLE – QUESTIONS *O PASSADO – PERGUNTAS*

EXERCÍCIO 1 Combine as perguntas a seguir com as respostas, depois escute para conferir e repetir. Como se faz uma pergunta no ***Past Simple***?

• Did I say that correctly?	Yes, she bought a lot of clothes.
• Did you bring any gifts?	Yes, she left at 5.30 a.m.
• Did he finish the book?	No, we paid full price.
• Did she spend a lot?	We had a great time, thanks.
• Did it snow last winter?	No, I think he's still reading it.
• Did we get a discount?	Once, and only a few centimeters.
• Did you enjoy your stay?	No way! It was really cold.
• Did they start serving food?	No, actually the pronunciation is .....
• Did Amy go to the party?	Yes, I brought a present for my friends.
• Did the children go swimming?	No, the restaurant doesn't open until 7.

Past Simple – Questions (1)

Did	**I**	**make** a mistake**?**
	you	**study** yesterday**?**
	he	**go** to the doctor**?**
	she	**have** a good time**?**
	it	**arrive** on time**?**
	we	**pay** the bill**?**
	they	**buy** any clothes**?**
	your boyfriend	**sleep** well**?**
	Samantha	**work** hard**?**

Não esqueça que o verbo *to be* é sempre diferente; para formar uma pergunta, basta trocar a posição do verbo e o pronome:

She was hungry. → **Was she** hungry? It was hot. → **Was it** hot?
They were at home. → **Were they** at home? You were ok. → **Were you** ok?

EXERCÍCIO 2 Escreva as frases a seguir como perguntas, por exemplo:

She went to Spain. → *Did she go to Spain?*

- They came to the party. → ______________________?
- Marie left the company. → ______________________?
- The guests had breakfast. → ______________________?
- You told him the truth. → ______________________?
- It rained last week. → ______________________?
- Franco made fresh pasta. → ______________________?

- She saw her parents. → ________________________?
- They were at home. → ________________________?
- I bought the right thing. → ________________________?
- He called a taxi for us. → ________________________?

Mais prática básica de perguntas no *Past Simple* com a resposta sim/não
http://www.englisch-hilfen.de/en/exercises/questions/simple_past.htm

Past Simple – Questions (2)			
What	**did**	**I**	**do?**
Where		**you and Jack**	**live?**
When		**the course**	**start?**
How long		**it**	**take** to get there**?**
How much		**she**	**pay** for the TV**?**
How many (times)		**they**	**see** the film**?**
Why		**the train**	**stop?**
Who		**you**	**invite** to dinner**?**

EXERCÍCIO 3 Complete a tabela com as perguntas e os verbos a seguir para formar perguntas em cada linha horizontal:

call when leave who go how much stay what

________________	**did**	**you**	**say?**
Where		**he**	________________?
________________		**they**	**arrive?**
How long		**you**	________________?
________________		**it**	**cost?**
How many times		**she**	________________?
Why		**Valerie**	________________?
________________		**Markus**	**kiss?**

EXERCÍCIO 4 Escreva respostas completas para as perguntas da tabela anterior, usando em cada resposta uma das palavras a seguir. Por exemplo:

What did you say? → *I said I'm sorry.*

£300 yesterday tired I'm sorry
twice Mexico City Sheila a week

EXERCÍCIO 5 **Board game.** Primeiro escreva as palavras na ordem correta para formular perguntas no ***Past Simple*** sobre o que você fez ontem e escute para conferir e repetir. Depois escreva suas respostas e repita as perguntas e respostas novamente:

time you get what did up _________________ _________________?	breakfast did for you what have _________________ _________________?	English you study did _________________ _________________?	stay did long at home how you _________________ _________________?
many make you did how calls _________________ _________________?	TV did watch you _________________ _________________?	lunch you where did have? _________________ _________________?	what the temperature was _________________ _________________?
call who you did _________________ _________________?	any send you emails did _________________ _________________?	spend did much you how money _________________ _________________?	wear did which shoes you _________________ _________________?
far you walk did how _________________ _________________?	dinner you the cook did _________________ _________________?	bed time you did what to go _________________ _________________?	day have did good you a _________________ _________________?

EXERCÍCIO 6 Escreva as respostas das perguntas do jogo de tabuleiro como um texto para contar a história do seu dia ontem. Para juntar as frases, use palavras como:

first of all (*primeiro de tudo*) ... **then** (*daí*) ... **after that** (*depois disso*) ...
next (*em seguida*) ... **at 6.30** (*às 6.30*) ... **before I** (*antes que eu...*) ...
after I (*depois que eu...*) ... **finally** (*finalmente*)

Exemplo: *I got up at 7.30 and first of all I had a shower. Then I had toast and coffee for breakfast and after that I got dressed and left the house.*

EXERCÍCIO 7 Leia o diálogo a seguir sobre os estudos e o trabalho de um brasileiro no exterior e escreva as perguntas no ***Past Simple*** para combinar exatamente com as respostas. Depois escute o diálogo completo para conferir e repetir:

A: So, tell me, ____________________ to university? **B:** I went to university in Toronto.
A: Really? _________________ Canada? **B:** I chose Canada because my uncle lives there.
A: And __________________________? **B:** I studied economics and politics.

A: Interesting. ______________________________? **B:** The course took 4 years.
A: So ______________________________________? **B:** I graduated in July 2004.
A: And sorry to ask, but _____________________________? **B:** It cost about $80,000 in total.
A: Wow, that's a lot! So, _____________________________? **B:** My first job was at Citibank.
A: Impressive. ___________________________________? **B:** I made R$65,000 a year.
A: ___________________________ there? **B:** I worked there for 3 years, then I went to Tokyo.
A: Ok, and ______________________________ in Japan? **B:** Yes, I loved living there.
A: So, __________________________, Tokyo or Toronto? **B:** I preferred Tokyo, it's not so cold!

Explicações e exercícios sobre perguntas no *Past Simple*
https://www.englisch-hilfen.de/en/grammar/frage5.htm

2. PRONUNCIATION – SENTENCE STRESS

PRONÚNCIA – ÊNFASE EM FRASES COMPLETAS

EXERCÍCIO 8 Leia e escute as frases a seguir, sublinhando as palavras faladas com mais ênfase. Que tipo de palavra geralmente tem mais ênfase?

- Let's meet at my house at 8 o'clock. Can you bring some food?
- The hotel was clean and comfortable, but the food was terrible.
- **A:** Do you have any money for the gas? **B:** No, I left my wallet at home!

Em geral, as palavras que contêm *as informações principais* de uma frase são faladas com mais ênfase, ou seja:

Verbos principais (go, like, have, leave)

Substantivos (car, shop, money, wife)

Adjetivos (good, funny, huge, terrible)

Advérbios (often, well, badly, slowly)

As palavras que não têm ênfase (geralmente palavras curtas) são *formas fracas* (veja página 123), e, portanto, a pronúncia muda para incluir o som de /ə/ (/ã/).

Leia os exemplos comuns das cinco categorias desta mudança de pronúncia em frases completas:

Artigos	**a** /ã/	**an** /ãn/	**the** /thã/	**some** /sãm/
Pronomes	**I** /ã/	**you** /iã/	**he** /i/	
Preposições	**to** /tã/	**for** /fã/	**at** /ãt/	**of** /ãv/
Conjunções	**and** /ãnd/	**that** /thãt/	**but** /bãt/	**so** /sã/
Verbos auxiliares **(inclusive o *to be*)**	**do** /dã/ **are** /ã/	**does** /dãz/ **was** /uãz/	**can** /kãn/ **were** /uã/	**could** /kãd/

EXERCÍCIO 9 Leia as frases a seguir e sublinhe as palavras com as informações principais. Das palavras que sobram (que não têm ênfase), confira a pronúncia na tabela anterior. Depois escute as frases para conferir a pronúncia e repetir:

- He went to the café to have a sandwich and an ice-cream.
- **A:** Can I have a Coke please? **B:** Sure. Do you want some ice?
- I know that he was working for a company that makes some kind of software.
- Does the site have images, so we can get an idea of the location?
- Are you at the store? Could you get some sugar and a can of tuna?

A segunda parte do *podcastinenglish.com*; exemplos de *schwa* em frases completas
http://www.youtube.com/watch?v=STReNuUTaSM&feature=related

EXTRA EMPHASIS

Além de falar as informações principais com mais ênfase, é também possível enfatizar certas palavras para deixar mais claro o que você quer dizer, ou para corrigir ou dizer o contrário.

EXERCÍCIO 10 Escute e repita as frases a seguir e sublinhe as palavras faladas com ênfase extra:

A: Do you like fish? **B:** I like seafood, but I don't like fish very much.
A: I think she comes from Panama. **B:** No, she comes from Costa Rica.
A: Why did you eat the birthday cake? **B:** I didn't touch it. John ate it.

A: Are there 26 states in Brazil or 27? **B:** No, there are 28.
A: You have a car, but you don't want to drive?
B: I do want to drive, but I don't have a drivers license!

3. TRAVEL AND TRANSPORT *VIAGENS E MEIOS DE TRANSPORTE*

Para dizer **ir de + meio de transporte**, usa-se **go by + transport**.

EXERCÍCIO 11 Escreva o tipo de meio de transporte embaixo das imagens:

by……………

by……………

by……………

by……………

by……………

by……………

on……………

by……………

by……………

by……………

Transport verbs

- **To take/to get** (*Pegar*):
  I **take** the subway to 45th street. We **took** a train to Berlin.
  Get a bus to Praça XV. They **got** a taxi to the airport.

- **To get to** (*Chegar em/Como chegar*):
  How did you **get to** work? We **got to** Milan by train.
  How can I **get to** Brooklyn? How do I **get to** the station from here?
  What time do you **get to** school? They usually **get to** work at 8 a.m.

- **To get in/out/on/off** (*Entrar/descer de*). O uso se divide em dois tipos:

1. *Transporte coletivo* (bus, train, plane, ship) → *get on* (entrar), *get off* (descer, sair):
   We **got on** the plane, waited for 2 hours, then **got off.**
   Get off the bus in Bond St. **Get on** the train! It's leaving!
2. *Transporte particular* (car, taxi, truck, boat, helicopter) → *get in* [*to*] (entrar), *get out* [*of*] (descer, sair):
   Let's **get in** the car. It's cold. Please **get out of** my car!
   The driver **got into** the truck. I **got out of** the taxi.

EXERCÍCIO 12 Escute e repita as frases a seguir e depois combine as palavras em negrito com as definições em inglês:

- We **booked** our tickets with a **travel agent** in São Paulo.
- The plane was **delayed**, so the **passengers** waited at the airport.
- The **baggage allowance** is 23 kg, plus 5 kg for **hand luggage**.
- They **waited in line** for 40 minutes, so they **missed** the **flight**.
- Here are your **boarding cards**. Your **seat** numbers are 23A and 23B.
- If you want to **rent** a car, you need an international **driver's licence**.
- A **one way** ticket is $300, and a **round trip** is $550.
- It takes 2 hours to **pack** a bag, 10 minutes to **unpack** it!

What you take on the plane ________________ **To reserve** ________________
They sell tickets and holidays ________________ **A place to sit** ________________
Put things in a suitcase ________________ **A person travelling** ________________
Late ____________ **To queue** ____________ **A trip by plane** ____________
How much luggage you can take on the plane ________________.
The document you need to drive ________________
To take things out of a suitcase ____________ **To pay to use temporarily** ____________
Two types of ticket: ____________ **or** ________________

EXERCÍCIO 13 Escute e repita as frases a seguir:

We missed the bus.
Did you miss the train?
He always misses the lesson.
I missed the start of the film.
Why did you miss the meeting?

We booked the tickets on-line.
The booking reference is XYZ374.
Can I book a table for 7.30?
Do we need to book?

How can I get to the shopping center?
How do you get to 5th Avenue?
Can you tell me how to get to the subway station?

How do you get to the office?
How does he get home?
We get to work by bus.
We got there at about 7.30.

Can you tell me where the toilet is?
Can you tell me where the bank is?
Can you tell me where the ticket office is, please?

How much is a ticket to Ottawa?
How much is a return to London?
How much is a flight to Miami?
How much is a subway ticket?

What time does the flight arrive?
What time did the bus arrive?
What time does the train leave?
What time did your friends leave?

How long does it take to get to the hotel?
It takes about an hour.
How long did it take to get there?
It took 4 hours to get there.

Have a good trip!
Have a good time in Rio!
Did you have a good time?
How was the trip?
How was your vacation?

Vocabulário ilustrado, frases, diálogos, exercícios e jogos sobre meios de transporte
http://www.learnenglish.de/vocabulary/transport.htm

4. THE PAST SIMPLE – NEGATIVE *O PASSADO – NEGATIVO*

EXERCÍCIO 14 Leia e escute o diálogo a seguir, em que uma mulher dá bronca no marido, e sublinhe todos os verbos negativos no passado que eles usam (por exemplo, didn't clean):

A: I don't believe it! You didn't clean the kitchen.
B: Sorry, I didn't know it was dirty. You didn't say anything.
A: I didn't need to tell you, it was obvious!
B: Anyway, I didn't have time. I was working.
A: You didn't work on Sunday, did you?
B: Well, no I didn't, but I went out and I wasn't home until 9.00.
A: So that means you didn't do the paperwork?
B: Not exactly. I started it, but I didn't finish...
A: My God! I certainly didn't marry you for your organization!

Past Simple – Negative		
I		**have** any money.
You		**like** the food.
He/she/it	**didn't**	**come** to the party.
We		**see** Peter.
They		**get** the email.

! Para formar o negativo de *to be*, adicione n't (not) ao verbo:

She **wasn't** there. I **wasn't** tired. We **weren't** interested. You **weren't** asleep.

EXERCÍCIO 15 **Questionnaire.** Escreva respostas baseadas em exemplos da vida real para as perguntas a seguir, usando frases completas na forma positiva ou negativa de acordo com sua resposta. Por exemplo:

Did you watch TV yesterday? → No, I didn't watch TV yesterday.
→ Yes, I watched TV yesterday.

Did you have a shower this morning? --

Did you drink tea last week? ______________________________
Did it rain 2 days ago? ______________________________
Did you eat fish yesterday? ______________________________
Did you go to the cinema last weekend? ______________________________
Did your best friend call you today? ______________________________
Were you at home at 9 p.m. last night? ______________________________
Did you go away last Christmas? ______________________________
Did you spend a lot of money last month? ______________________________
Did you study English the day before yesterday? ______________________________
Did your friends buy you a birthday present last year? ______________________________
Was it cold yesterday? ______________________________

Prática de formas interrogativas e negativas no *Past Simple*
http://www.esl-lounge.com/student/grammar/1g24-past-simple-pos-neg-questions.php

5. EXPRESSIONS AND SLANG (2) *EXPRESSÕES E GÍRIAS (2)*

EXERCÍCIO 16 Escute as frases a seguir e escreva a expressão que você ouve nas lacunas. Depois confira as traduções na tabela e escute novamente:

- Gisele is such a __________! She makes me so __________
- Me and my __________ usually get __________ on Friday nights.
- Donald is absolutely __________, but he's such an __________!
- **A:** I __________ a really hot girl last night. **B:** __________!
- I __________ like studying. I __________ watching TV.
- My Visa bill is $8,000 and I have $50 in the bank. I'm __________!

a babe /beib/ (*uma gata*) **to be/get horny** /rorni/ (*estar/ficar com tesão*)
buddy /badi/ [US], **mate** /meit/ [GB] (*amigão*) **loaded** /loudid/ (*cheio da grana*)
to be/get wasted /uaistid/ (*estar/ficar doidão*) **an asshole*** /ás rol/ (*babaca*)
to make out with /meikaut uith/ (*ficar com, dar beijos etc.*)
I'm screwed /skruud/ (*Estou frito*) **big deal** /diãl/ (*grande coisa!* ou *algo importante*)
to feel like [something/do**ing**] /fiãlaik/ (*estar a fim de [algo/fazer]*)

EXERCÍCIO 17 Leia, escute e repita as frases a seguir e use uma das expressões do exercício anterior para descrevê-las:

- They own houses in New York, Paris and the Bahamas.
- We met when we were at school. We still see each other almost every day.

---

* Palavrão de intensidade média.

- She's tall and has a fantastic figure. She has a beautiful face.
- He was drinking beer from 10 in the morning to 10 at night!
- The train leaves in 5 minutes and you're 15 minutes from the station.
- You went to the cinema. You kissed your boyfriend and didn't watch the movie.
- That guy is always saying stupid things and he thinks he's so cool.

EXERCÍCIO 18 Escreva exemplos da vida real sobre você, uma pessoa que você conhece ou uma pessoa famosa e tente incluir mais detalhes:

a. Someone who is *a babe*
b. Something that's *a big deal* for you
c. Someone who is your *buddy*
d. Something you *feel like* doing today
e. Someone *loaded*
f. Someone who you *made out with*
g. A person who you think is an *asshole*
h. A time when you were *screwed*

6. PRONUNCIATION – /ʌ/ PRONÚNCIA – /ʌ/

O som representado pelo símbolo /ʌ/ se encontra na vogal sublinhada nas seguintes palavras.

Escute e repita:

Pizza Hut /hat/ **The World Cup** /kap/ **I love you** /lav/ **A young man** /iang/

Na forma isolada, o som de /ʌ/ é igual à palavra *up*, mas sem o *p*. *Escute*: **up**

Pode ser escrito com a letra **o**, a letra **u** ou uma combinação das duas, **ou**.

Escute e repita os exemplos comuns:

O	U	OU
some /sam/ **money** /mani/ **son** /san/ **month** /manth/ **other** /athã/ **come** /kam/ **company** /kampãni/	**but** /bat/ **much** /match/ **just** /djast/ **study** /stadi/ **culture** /kaltchã/ **cupboard** /kabãd/	**country** /kantri/ **cousin** /kazãn/ **enough** /enaf/ **touch** /tatch/ **double** /dabal/

EXERCÍCIO 19 Escute o trio de palavras e sublinhe aquela que inclui o som de /ʌ/:

- on one only
- worry lorry sorry
- push brush bush
- couch ouch touch
- move glove stove
- shoot shot shut
- corrupt adopt adapt
- win won when

EXERCÍCIO 20 Leia e escute as frases, sublinhando os sons de /ʌ/. Depois confira as respostas e escute as frases novamente para repetir:

- You need to fry the onions in some butter for a couple of minutes.
- The results of the research showed we must develop new products.
- My parents are worried because my brother is always in trouble at school.
- Nothing ever changes; the government in this country is so corrupt!

A pronúncia de uma variedade de palavras com o som de /ʌ/
http://www.youtube.com/watch?v=UX7X39HAeVg

7. PREPOSITIONS OF PLACE *PREPOSIÇÕES DE LUGAR*

EXERCÍCIO 21 Veja as imagens a seguir, tente deduzir as traduções das palavras abaixo e escreva-as no quadro:

on

in

behind

in front of

under

next to

near

between

Em (cima de) ________	Em/dentro __________	Atrás ________________	Em frente a _________
De baixo de _________	Ao lado de __________	Perto de ____________	Entre _______________

EXERCÍCIO 22 Veja as duas imagens a seguir e classifique as frases como **true** (**T**) ou **false** (**F**):

- The table is **between** the sofa and the armchairs.
(T/F)
- The flowers are **under** the table.
(T/F)
- There are some books **on** the shelves.
(T/F)
- The poster is **next to** the door.
(T/F)
- The glass is **on** the table, **behind** the flowers.
(T/F)
- The cat is in **front of** the table.
(T/F)

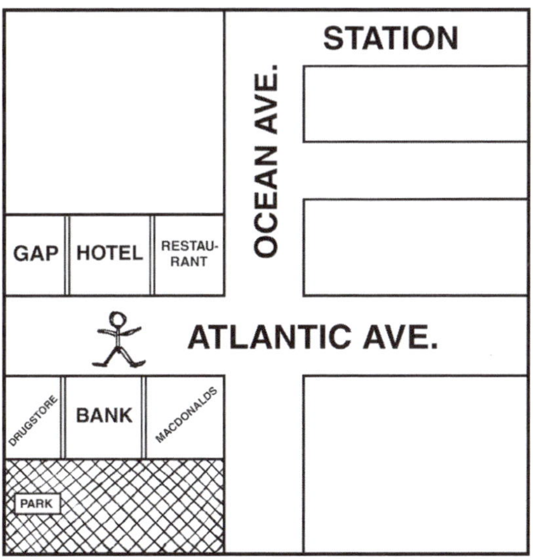

- The hotel is **in** Ocean Avenue.
(T/F)
- The man is **in front of** the hotel.
(T/F)
- The park is **near** the station.
(T/F)
- There's a restaurant **next to** the hotel.
(T/F)
- The bank is **between** the drugstore and McDonald's.
(T/F)

EXERCÍCIO 23 Escute e repita o texto a seguir sobre um apartamento e preencha as lacunas com uma das preposições de lugar do exercício anterior:

I live ____________ São Paulo, one of the biggest cities in the world. My apartment is ______________ Consolação subway station, about 5 minutes on foot. The building is __________ Rua Tiradentes, __________ __________ of a modern church, and the apartment is _________ the 2nd floor. _________ the back of the building there is a playground for children and _________ the top, _________ the 18th floor, there is an outdoor swimming pool and a gym.

____________ my bedroom there is a double bed, with a small table ____________ to it. __________ the left of the bed there is a wardrobe and __________ __________ of it there's a rug __________ the floor. __________________ the wardrobe and the door there's a desk and a chair, and _________ the desk there's a computer.

EXERCÍCIO 24 Leia o texto mais três vezes e depois desenhe o prédio e o quarto usando a memória. Para facilitar a memorização, você pode anotar alguns substantivos para ajudá-lo no desenho, por exemplo: *Consolação, church, table/bed etc.*

Vídeo e exercício sobre preposições de lugar
http://www.englishexercises.org/makeagame/viewgame.asp?id=597

UNIT 11

1. THE FUTURE – TO BE + GOING TO *O FUTURO – TO BE + GOING TO*

Tal como na língua portuguesa, o futuro mais comum em inglês é o verbo *ir*, mas na forma *continuous*:

Ir + fazer = to be GOING + to do

EXERCÍCIO 1 Combine a primeira parte da frase à direita com a segunda parte à esquerda, depois escute as frases completas para conferir e repetir:

We're going to have lunch inside.	We're going to miss the plane.
I'm going to the doctor's this morning	I'm going to stop smoking and go on a diet.
It's going to take ages to get to the airport.	I think it's going to rain.
Jenny's going to the gym.	She's going to have a yoga class.
They're going to study every day.	He's going to do some blood tests.
This year is going to be a different story.	I'm sure they're going to pass the exam.

The Future – to be GOING to		
I'm	**going to**	**have** dinner.
You're		**live** in Japan.
She's		**meet** some friends.
He's		**start** a business.
It's		**the bank** later.
We're		**France** next week.
They're		**the mall** tomorrow.

Esse futuro é usado principalmente para coisas que **já foram decididas** antes de falar ou para **planos** que já foram feitos.

PRONUNCIATION *PRONÚNCIA*

Existem duas pronúncias, dependendo do que vem depois do *going to*:

- **Going to + verbo** = /**gãnã**/

Escute e repita as letras de músicas:

You're **gãnã** lose that girl. (*The Beatles*) **Gãnã** dress you up in my love. (*Madonna*)
I think it's **gãnã** rain today. (*UB40*) I think it's **gãnã** be a long, long time. (*Elton John*)

- **Going to + lugar** = /**gouing tã/tu**/

Escute e repita as letras de músicas:

We're **gouing tu** Ibiza. (*Vengaboys*) **Gouing tã** the top. (*Madness*)
Everybody's **gouing tã** the moon. (*Jamiroquai*)

EXERCÍCIO 2 Leia o texto a seguir e insira nos espaços uma das frases da tabela a seguir. Depois escute o texto completo para conferir e repetir:

It ________________ such a busy year for us. First of all, we ____________________ ____________________ an apartment, a 2-bedroom place quite near the center. My parents ____________________ us some money so we can pay the deposit, then we ____________________________ R$1200 a month for the next 5 years! The other big news is that Ricardo ____________________________ a new job with a German company called Bosch. His contract with Brastemp ________________ in January, then we ________________ a holiday before he begins the job. We ________________ 10 days on a Caribbean island called St. Kitts; Ricky ________________ a diving course, but I'm just ________________ and get a tan!

are going to give	**is going to start**	**'re going to buy**	**'re going to have**
is going to do	**is going to finish**	**going to sleep, read**	**'s going to be**
	're going to spend	**'re going to pay**	

EXERCÍCIO 3 Veja na tabela um resumo das duas viagens do Brian – uma no ano passado e uma no ano que vem. Escreva frases no passado e no futuro com **going to** para comparar as duas viagens, por exemplo:

Last year he went to Egypt, next year he's going to China.

Last year	Next year
Egypt	China
2 weeks	3 weeks
visit pyramids	visit Great Wall
take wife	take best friend
take 3 hours	take 6 hours
bring carpet	bring iPhone
eat goat	eat snake

Last year Brian went to Egypt.

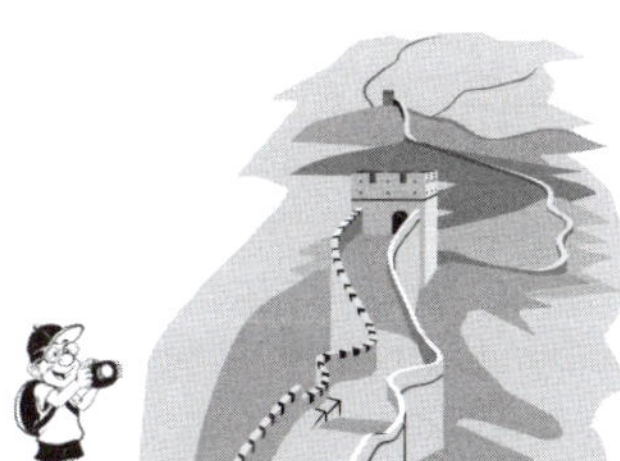

Next year Brian's going to China.

Variedade de exercícios com *going to*
http://www.englishexercises.org/makeagame/viewgame.asp?id=2675

Prática da forma positiva de *going to*
http://www.ego4u.com/en/cram-up/grammar/future-1-going-to/exercises?03

2. PRONUNCIATION – FAMILIES (3) *PRONÚNCIA – PALAVRAS COM PADRÃO DE PRONÚNCIA (3)*

Escute e repita os exemplos na tabela (lidos com sotaque britânico):

-ought / -aught /oort/	**-ous** /ãs/
bought /boort/ (*pass. de buy*)	**famous** /feimãs/ (*famoso*)
brought /broot/ (*pass. de bring*)	**serious** /siriãs/ (*sério*)
thought /thoort/ (*pass. de think*)	**furious** /fiuriãs/ (*furioso*)
fought /foort/ (*pass. de fight*)	**curious** /kiuriãs/ (*curioso*)
caught /koort/ (*pass. de catch*)	**delicious** /dilichãs/ (*uma delícia*)
taught (*pass. de teach*)	**marvellous** /marvelãs/ (*maravilhoso*)
ought to (*deveria*)	**generous** /djenrãs/ (*generoso*)
nought /noort/ (*zero*)	**dangerous** /deindjãrãs/ (*perigoso*)
naughty /noorti/ (*mal-comportado*)	**jealous** /djelãs/ (*com ciúmes/inveja*)

! **Existe uma diferença na pronúncia de -ought entre americanos e britânicos.**

Escute:

US = **/áárt/** – /báárt/ /bráát/ /tháárt/ /táárt/ etc.
GB = **/ort/** – /bort/ /brort/ /thort/ /tort/ etc.

EXERCÍCIO 4 Leia as frases a seguir e escreva a palavra correta no lugar das palavras sublinhadas:

- Roberto Carlos is a very dangerous singer. ----------------
- I caught a new jacket in the sales. ----------------
- The food was really famous, we loved it! ----------------
- Sorry, I fought you were someone else. ----------------
- I'm afraid we have a generous problem. ----------------
- My mom brought me an important lesson. ----------------
- My wife is curious of my ex-girlfriends. ----------------
- Did you bring some drink? Yes, I thought beer. ----------------
- Bart Simpson is funny, but serious. ----------------
- You would eat fruit and vegetables every day. ----------------
- My dad was jealous when I crashed his car. ----------------
- Driving in Brazil is very marvelous. ----------------

Compare as pronúncias americana e britânica do som de *-ought*
http://www.macmillandictionary.com/pronunciation/american/ought

Dicas da professora Allie sobre a pronúncia de *-ous*
https://www.youtube.com/watch?v=rpfhF9WK5tk

3. EXPRESSIONS OF FUTURE TIME *EXPRESSÕES DE FUTURO*

EXERCÍCIO 5 Veja a linha de tempo a seguir e combine os números com as expressões do futuro:

	1	2	3	4	5	
PRESENT ______	______	______	______	______	______	**FUTURE**

in 2020 **next century** **the year after next** **in 3 years** **next year**

Expressions of future time

tomorrow (*amanhã*) **the day after tomorrow** (*depois de amanhã*)
next week/month/year/century (*na semana/no mês/no ano/século que vem*)

the week/year **after next** (*na outra semana/daqui a 2 anos*)
in 10 minutes/2 weeks/6 months/4 years
(*daqui a 10 minutos/2 semanas/6 meses/4 anos*)
soon /suun/ (*em breve*)

EXERCÍCIO 6 Imagine que seja o dia indicado em cada frase a seguir e escreva a expressão apropriada para os tempos no futuro:

a. Today is Thursday 5th, so...
Friday is ______ tomorrow ______ Saturday is ______
Monday is ______ Thursday 12th is ______

b. The time is 12.45 right now, so....
13.45 is ______ 14.15 is ______ 16.45 is ______

c. The date is January 2nd, so...
January 9th-16th is ______ Jan. 16th-23rd is ______
February 2nd is ______

d. This year is 2019, so...
2020 is ______ 2021 is ______ or ______
2024 is ______

EXERCÍCIO 7 Confira as respostas, depois escreva frases com uma combinação das expressões do futuro e as palavras na tabela a seguir (ou outras) na forma **to be going to** apropriada para pessoas diferentes. Por exemplo:

Next week I'm going to have lunch with my parents.
Next year Fabi and Jo are going to get married.

have lunch	**the USA**	**get married**	**buy a new car**	**away**	**go for a walk**
leave home	**have a party**	**call my friend**	**study Spanish**	**the hairdresser**	
play	**save some money**	**start a diet**	**my friend's house**	**get a job**	

EXERCÍCIO 8 **My future.** Escreva frases usando exemplos da vida real com **to be going to**, começando (ou terminando) com os tempos no futuro a seguir, sobre pessoas diferentes. Por exemplo:

In 2 weeks I'm going to Salvador.
Fantástico is going to start in 30 minutes.

•Tomorrow • Next week • In 30 minutes • The day after tomorrow
• In 2 weeks • Next year • At Christmas • In February
• When I get home • In a few days • Soon

Resumo do futuro e das expressões de tempo futuro
http://web2.uvcs.uvic.ca/elc/sample/beginner/gs/gs_03.htm

4. GOING TO – NEGATIVE AND QUESTIONS

GOING TO – NEGATIVO E PERGUNTAS

Para formar uma pergunta ou frase negativa com *going to*, usa-se a forma interrogativa ou negativa do verbo **to be** (veja as páginas 20 e 25):

He's going to call → **Is he** going to call? → **He isn't** going to call

You're going to pay → **Are you** going to pay? → **You aren't** going to pay

Simone is going to help → **Is Simone** going to help? → **Simone isn't** going to help

EXERCÍCIO 9 Complete a tabela com as formas negativas e interrogativas de **to be**:

To be going to – negative/questions		
(–) I'm ____not____	**going to**	the bank this week.
You ____________		take the train.
He/she/it ____________		work on Monday.
We ____________		be at home.
They ____________		Pete's house.
(?) ______Am I________		Recife for Carnival?
______________________		stay a long time?
______________________		stop smoking?
______________________		the conference?
______________________		solve the problem?

EXERCÍCIO 10 Escreva as frases a seguir na forma completa (incluindo *going to*, preposições, artigos etc.):

- They / going / stay / your / house? ______________________?
- He / not / going / finish / homework ______________________
- How long / she / going / stay / London? ______________________?
- It / going / rain / Saturday? ______________________?
- The flowers / not / going / grow / inside ______________________
- What / you / going / make / lunch? ______________________?
- What time / show / going / start? ______________________?
- I / not / going / Paris / this / year ______________________
- We / not / going / work / today ______________________
- Where / your / friends / going / sleep? ______________________?

EXERCÍCIO 11 **Questionnaire**. Leia e escute as perguntas a seguir e escreva respostas reais usando a forma positiva ou negativa de ***to be going to***, adicionando mais detalhes quando possível. Por exemplo*:*

Are you going to wash your hair today?→ *Yes, I'm going to wash my hair.*
→ *No, I'm not going to wash my hair.*

Depois escute e repita as perguntas novamente, junto com suas respostas.

Are you going to wash your hair today?
Is it going to rain tomorrow?
Are you going to buy a car this year?
Is your friend going to the mall today?

Are you going to bed early tonight?
Is Brazil going to win the next World Cup?
Are you going to clean your room?
Is your mom/dad going to call you later?
Are you going to the beach next Sunday?
Are aliens going to invade planet Earth?
Are you going to move house next year?

Jogo de tabuleiro para praticar todas as formas de *going to*
http://www.eslhq.com/worksheets/preview_worksheet.php?worksheet_id=117319

Jogo de futebol com *going to*
http://kideslgames.com/grammar%20games/Future%20Tense/futuretense1.html

5. MAKING FUTURE PLANS *FAZENDO PLANOS PARA O FUTURO*

EXERCÍCIO 12 Leia, escute e repita o diálogo a seguir, em que duas amigas fazem planos para uma viagem no fim de semana. Depois escreva respostas para as perguntas de compreensão:

A: Hi, Bridget, it's Andy. What are you going to do this weekend?
B: **I'm planning to stay** at home in the day, maybe go out in the evening. Why?
A: Me and Roxy are **thinking of going** to Brighton.
B: Really, what are you going to do in Brighton?
A: My buddy Seth is going to have a big party... there's going to be a DJ and he's going to invite the Brazilian students from the international school.
B: Ok, ok, I'm in! What time are you planning to go?
A: **We're planning to leave** after lunch.
B: Cool. Who's going to drive, you or Roxy?
A: No one, **we're thinking of taking** the train.
B: **How about meeting** here then? It's so near the station.
A: Good idea. **Let's say** about 2.
B: Ok, fine. Now, what am I going to wear? Let me think...

- Where are Andy and Roxy planning to go on Saturday? They're ________________
- What was Bridget thinking of doing on Saturday? ________________
- Who is going to have a party in Brighton? ________________
- When are they planning to leave London? ________________
- How are they going to get to Brighton? ________________
- Why are they going to meet at Bridget's house? ________________

- **To be thinking of ...ing** (*Estar pensando em fazer*)
  I'm thinking of changing jobs.
  Where are you thinking of staying?
  She's thinking of getting a dog.
  We're not thinking of selling the car.
- **To be planning to do** (*Estar planejando fazer*)
  We're planning to have a baby.
  Is Bruno planning to come?
  She's planning to build a house.
  My dad isn't planning to retire.
- **Let's do** (*Vamos fazer*)
  Let's get out of here. Let's start again. Let's go swimming.
- **How about ...ing? What about ...ing?** (*Que tal fazer?*)
  How/What about going to the cinema?
  What/How about Chinese food?
  What/How about renting a car?
  What/How about getting a puppy?

EXERCÍCIO 13 REPETITION *REPETIÇÃO*

Leia, escute e repita várias vezes as frases a seguir:

- I'm planning to buy a car.
  She's planning to work abroad.
  We're planning to go away this weekend.
- He's not planning to finish today.
  What are you planning to do tomorrow?
  Are they planning to come with us?
  Is he planning to cook?
- I'm thinking of writing a book.
  He's thinking of going abroad.
  They're thinking of getting a divorce.
  Clara is thinking of quitting.
- What are you thinking of doing tonight?
  Where is she thinking of studying?
  Is Patrick thinking of setting up his own company?
- Let's go on a guided tour.
  Let's stay home this weekend.
  Let's have a party!
- How about a beer?
  How about having dinner at Miyoshi?
  What about painting the house?
  What about the blue one?

EXERCÍCIO 14 Escreva frases usando exemplos da vida real de acordo com as questões/instruções a seguir:

- What are you planning to do this weekend? → *I'm planning to* ____________
- Give suggestions for a visitor to Brazil → *How/What about* ____________?
- Where are you thinking of spending Christmas? → ____________
- Give suggestions to a friend on a Friday evening → *Let's* ________ *or let's* ____
- Are you thinking of starting/finishing something soon? ____________
- Who are you planning to see tomorrow? → ____________
- What are you thinking of buying when you have the money? → ____________
- How are you planning to improve your English? → ____________

6. THE WEATHER *O TEMPO*

EXERCÍCIO 15 Escreva o tempo abaixo das imagens (dois não são usados):

1.

2.

3.

4.

5.

It's raining **It's wet** **It's cloudy** **It's windy** **It's dry** **It's sunny** **It's snowing**

EXERCÍCIO 16 **What's the weather like? *(Como é/está o tempo?)*** Leia e escute três pessoas falando do tempo nas suas cidades e descubra em qual cidade cada uma mora: **Montreal**, **Rio de Janeiro** ou **Londres.** Depois escreva respostas para as perguntas de compreensão:

I live in a country famous for bad weather, especially for the rain. In fact, it doesn't rain that much (about 600 mm per year), but the big problem is it's often cloudy – sometimes you don't see the sun for weeks! The winters are quite cold (average temperature 5ºC), but it only snows once or twice a year. The summers are cool and wet – a normal temperature is about 22ºC – but sometimes it can get really hot as well.

The city where we live is usually hot and sunny all year round, with typical temperatures in summer around 28ºC and in winter about 20ºC. So many houses, shops and offices have air-conditioning. It is also a very humid climate, and there are often storms with heavy rain (nearly 1200mm a year!). It rarely gets really cold, a minimum of about 10ºC, and it never snows in this part of the country.

Well, of course it's extremely cold here in the winter, sometimes it can be like –20ºC, but it's often clear and sunny at the same time. It snows a lot too, almost every day, but there is an excellent subway system, so you don't have to drive in the city. The summers are short, but can be really hot, up to 35ºC, and the city comes alive for 3 months!

What's the average summer temperature in London? ________________

How often does it snow in London? ________________

What's the typical weather in Rio de Janeiro? ________________

How do the Cariocas keep cool? ________________

What's the minimum temperature in Montreal? ________________

How long do summers last in Montreal? ________________

How much does it rain in Rio and in London? ________________

EXERCÍCIO 17 **What's the weather forecast?** (***Qual é a previsão do tempo?***)
Escute as três previsões de tempo para a Grã-Bretanha (manhã e tarde) e escolha a que descreve o tempo mostrado nos dois mapas:

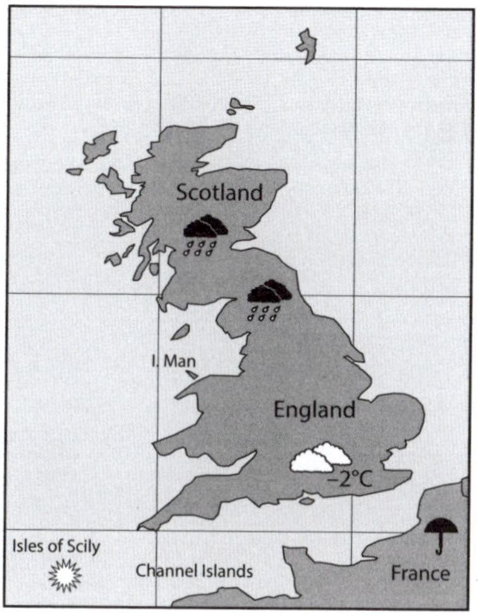

MORNING

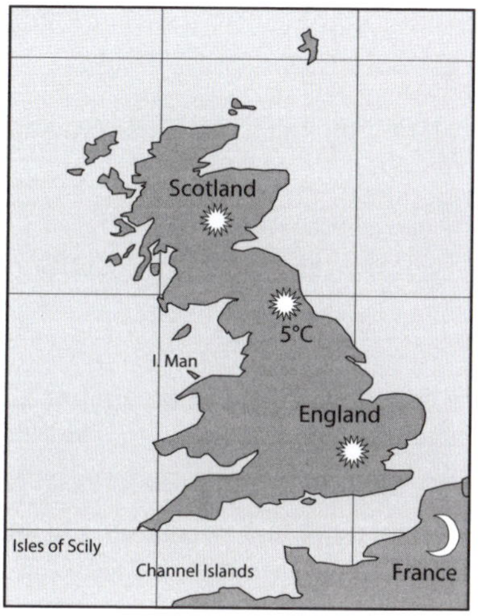

AFTERNOON

Assista a um clipe animado sobre tipos de tempo
http://www.englishmedialab.com/elementaryvideos/weather/weather.html

Clipe, palavras cruzadas e exercícios sobre o tempo
http://www.englishexercises.org/makeagame/viewgame.asp?id=2454

7. PRONUNCIATION – DIFFICULT WORDS FOR BRAZILIANS (2)
PRONÚNCIA – PALAVRAS DIFÍCEIS PARA BRASILEIROS (2)

EXERCÍCIO 18 Escute as palavras a seguir duas vezes, **a** e **b**, e (sem olhar na tabela abaixo) escolha a pronúncia correta:

- since (a/b) • busy (a/b) • early (a/b) • Australia (a/b) • mountain (a/b)
- area (a/b) • Europe (a/b) • government (a/b) • receipt (a/b) • owner (a/b)

area /éri̲ã/ (*área*) **Australia** /ostreiliã/ **busy** /bizi/ (*ocupado*)
Europe /iurãp/ (*Europa*) **early** /erli/ (*cedo*) **government** /gavãmãnt/ (*governo*)
owner /ounã/ (*dono*) **mountain** /mauntin/ (*montanha*)
receipt /wrisiit/ (*recibo*) **since** /sins/ (*desde*)

EXERCÍCIO 19 Transcreva os símbolos fonéticos e depois escute para conferir as frases formadas e repita-as:

- <u>me</u>ni os<u>trei</u>liãnz gou tã <u>iur</u>ãp tã uerk bi<u>for</u> thei gou tã iuni<u>ver</u>siti

  ----

- sins 1945, thi i<u>tal</u>iãn <u>ga</u>vãmãnt has tcheingd 61 taimz

  ----

- rau rai iz thã <u>rai</u>-ist <u>maun</u>tin in <u>iur</u>ãp

  ----

- kam <u>er</u>li be<u>koz</u> it gets <u>wriã</u>li <u>bi</u>zi bai 12 ã<u>klok</u>

- ui askt thi <u>ou</u>nã forã wri<u>siit</u>, bat chi sed nou

  ----

UNIT 12

1. THE HUMAN BODY *O CORPO HUMANO*

EXERCÍCIO 1 Escute e repita as palavras a seguir e então escreva-as nos espaços na imagem de acordo com as letras misturadas:

hand /rand/ **leg** /leg/ **nose** /nouz/ **chest*** /tchest/ **arm** /arm/
eyes /aiz/ **knee** /nii/ **stomach** /stamãk/ **mouth** /mauth/
finger /fingã/ **back** /bak/ **head** /red/ **neck** /nek/
1 **foot** /fut/ – 2 **feet** /fiit/ **ear** /i-ã/

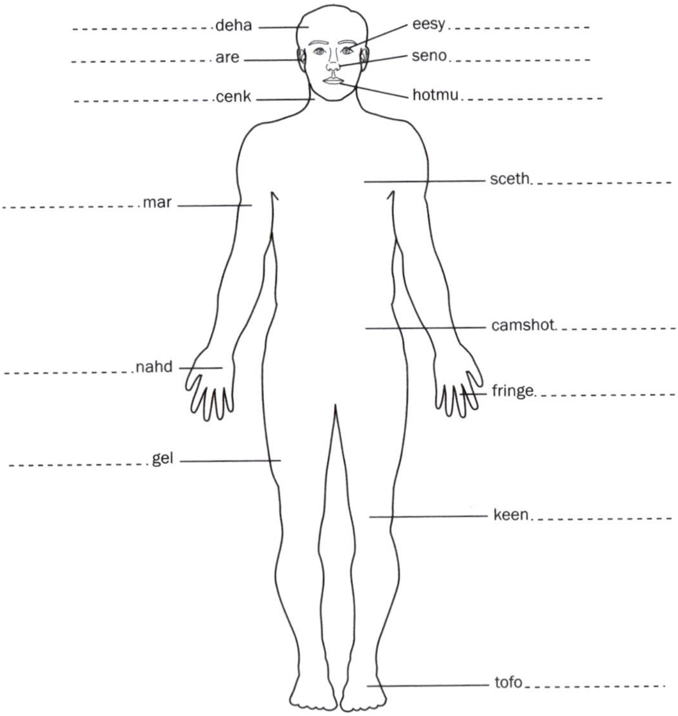

EXERCÍCIO 2 Leia e escute as instruções e toque na parte do corpo especificada (as instruções ficam cada vez mais rápidas).

1. leg_____arm_____knee **2.** eyes_____mouth_____ears **3.** hand_____foot_____chest
4. nose_____knee_____neck **5.** back_____hand_____stomach **6.** head_____chest_____leg
7. arm_____finger_____feet **8.** stomach_____knee_____hand **9.** mouth_____back_____teeth
10. neck_____nose_____head **11.** finger_____leg_____ear **12.** eyes_____hair_____ankle

* *Chest* é o peito em geral. Para dizer peito/seio(s) de mulher, usa-se *breast(s)*.

EXERCÍCIO 3 Preencha as lacunas com uma parte do corpo, depois escute as frases completas para conferir e repetir:

- This TV is really heavy. Can you give me a ____________________?
- I have a terrible ____________________ ache. Do you have any aspirin?
- Yesterday I walked 15 km and today my ____________________ really hurt.
- I need a Bandaid, quick! I cut my ____________________ preparing vegetables.
- He ate 3 cheeseburgers, so naturally he had a ____________________ ache.
- She has the most beautiful green ____________________ I've ever seen.
- I usually brush my ____________________ 3 times a day, after every meal.
- In the 1970s a lot of men had very long ____________________.
- If you have a ____________________ ache, you should have a massage.
- In the famous story, Pinocchio's ____________________ grew when he told a lie.

Medical problems

To hurt /rert/ (*Doer*) **To be hurting** (*Estar doendo*) **It hurts/It hurt** (*Dói/Doeu*)

To have			
	a headache	/redeik/	(*Estar com dor de cabeça*)
	(a) stomachache	/stamãkeik/	(*Estar com dor de barriga*)
	(a) backache	/bakeik/	(*Estar com dor nas costas*)

To have a pain in your [arm] /pein/ (*Estar com uma dor no seu [braço]*)
To cut your... /kat/ (*Cortar*) **To break** your.../breik/ (*Quebrar*)
To take medicine /medsãn/ (*Tomar remédio*) **To get better** (*Melhorar, recuperar-se*)

Ouça a pronúncia e teste seu conhecimento das partes do corpo
http://www.youtube.com/watch?v=Zo9fQ9A60rU

Jogo com imagens das partes do corpo (mais avançado)
http://iteslj.org/v/ei/body.html

2. PRONUNCIATION – WORD STRESS (3) *PRONÚNCIA – ÊNFASE EM PALAVRAS (3)*

EXERCÍCIO 4 Primeiro sublinhe a parte das palavras a seguir que você acha que tem mais ênfase, depois escute as palavras para conferir e repetir:

- **control** • **magazine** • **volume** • **interested** • **comfortable**
- **excellent** • **signature** • **alcohol** • **teenager** • **cartoon**

Memory tip. É possível lembrar a ênfase correta de algumas palavras difíceis por meio de uma imagem no lugar da parte da palavra com mais ênfase. Por exemplo, a ênfase na palavra *expensive* cai na sílaba *pen*, ou seja, uma *caneta*:

ex  **sive = exPENsive = /ekspensif/ (*caro*)**

EXERCÍCIO 5 Veja mais palavras com uma imagem no lugar da sílaba tônica e escreva a palavra completa do lado. Depois escute as palavras para conferir e repetir:

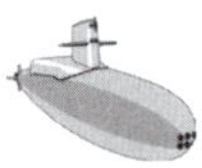 **titles** = ...

 **egory** = ...

guaran  = ...

arti  **ial** = ...

var 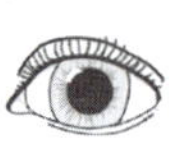 **ety** = ...

pro  **tive** = ...

Repetition tip. Uma técnica interessante para ajudar na memorização de vocabulário é procurar um ambiente bem relaxante para deixar o cérebro mais receptivo a novos estímulos, incluindo:

- **Um lugar confortável, sem barulho e sem distrações (desligue o celular!).**
- **Iluminação agradável, com foco no seu livro/caderno.**
- **Música clássica instrumental (por exemplo *Mozart*, *Bach* ou *Händel*).**

EXERCÍCIO 6 Feche os olhos, inspire e expire o ar e sinta seu corpo relaxando e ficando mais pesado. Depois de um minuto, comece a repetir algumas palavras deste tópico como se fosse um "mantra" (*control, subtitles, variety*, por exemplo), sempre imaginando a palavra escrita com a sílaba tônica em letras bem maiores, coloridas.

EXERCÍCIO 7 Leia e escute as frases a seguir e sublinhe a única palavra em cada frase com a pronúncia errada. Depois escute as frases corretas para conferir e repetir:

- Teenagers in Brazil are drinking more and more alcohol every year.
- I've got a headache. Can you turn off the volume and just read the subtitles?
- This product is excellent quality and comes with a 3 year guarantee.
- The director usually has more control with independent film productions.
- There is a wide variety of music available for each category.
- Professor Adams is extremely interested in Artificial Intelligence.
- Walt Disney's signature appears at the beginning of all his cartoons.

Exemplos de sílaba tônica em palavras com duas sílabas (série de quatro aulas)
http://www.youtube.com/watch?v=9UUsMeytwko

3. POLITE REQUESTS *PEDIDOS EDUCADOS*

EXERCÍCIO 8 Leia, escute e repita o diálogo em que um homem compra ingressos para o teatro e sublinhe os exemplos de pedidos ou de permissão:

A: Good morning, may I help you?
B: Yes, I'd like two tickets for April 4th.
A: I'm afraid we're sold out on the 4th.
B: That's a shame. How about the 5th?
A: Yes, no problem. Could I have your name, please?
B: Sure, it's Roberts, Julia Roberts.
A: Ok... that'll be $80. How would you like to pay?
B: By Mastercard, if that's ok.
A: Of course. Could you give me the card number, please?
B: Sure, it's 4448 3515 2592 1637. Expiry date 02/2024.
Would it be possible to pick up the tickets?
A: No problem. There'll be here at the box office.

I'd like to...	buy a ticket to Lyon	**Yes...**
(Eu gostaria de...)	see some cashmere sweaters	Of course
	change some money into dollars	Certainly
Could I/you...?	send this package to Brazil	Sure
(Eu/você poderia...?)	have some more bread	No problem
	show me how to use the jacuzzi	
May I...?	go to the bathroom	**No...**
(Eu poderia...?)	use your fax machine	I'm sorry
	have a look at this camera	I'm afraid...
Would it be possible to...?	take a picture of the museum	That's not
(Seria possível...?)	bring some white wine	possible

PRONUNCIATION – POLITE INTONATION *ENTONAÇÃO EDUCADA*

Como já vimos na página 52, frases educadas geralmente têm uma entonação bem marcada e começam com um tom bastante alto que só desce bem no final da frase. No caso de pedidos, muitas vezes o tom desce na palavra *please* no final da sentença.

Escute e repita os exemplos:

- Could you tell me where the exit is, please?
- May we have the wine list, please?
- Would it be possible for you to wrap it?
- Could I see your passport, sir?
- Can I call you back when I get home?
- I'd like to speak to the sales director, please.
- Would it be possible to change the date of the ticket?
- Could you fill in this form and sign it, please?
- May I take your order, madam?
- Can you lend me some money until tomorrow?

EXERCÍCIO 9 Escreva pedidos educados para as palavras/frases a seguir, por exemplo:

May I have a glass of red wine, please?
Could you bring me a glass of red wine, please?

- a glass of red wine
- give me your address
- a receipt
- book a table at 8 p.m.
- have an early breakfast
- the seafood pasta
- try on these jeans
- give me a hand
- use the computer
- speak to the manager
- a map of the city
- another beer

Assista a cenas de uma comédia clássica dos anos 1970, incluindo vários pedidos
http://www.youtube.com/watch?v=MEu5Xg9P-yQ

4. GOING SHOPPING *FAZENDO COMPRAS*

EXERCÍCIO 10 Escute as palavras e os pedidos a seguir e combine uma das lojas com um dos pedidos:

bank (*banco*) **sports store** (*loja de esportes*) **beauty salon** (*salão de beleza*)
post office (*correio*) **supermarket** (*supermercado*) **drugstore** (*farmácia*)
car rental (*aluguel de carros*) **department store** (*loja de departamentos*)
deli[catessen] (*delicatéssen*) **convenience store** (*loja de conveniência*)

a. Could I send this letter by express mail?
b. Can I try on these sneakers in a size 10, please?
c. Could you change this Brazilian money into dollars, please?
d. Can you give me 200 g of smoked ham, please?
e. I'd like some antiseptic cream and some aspirin, please.
f. Can you tell me where the dairy products are, please?
g. Would it be possible to leave the car at the airport at the end of the week?
h. I'd like to make an appointment for a haircut on Saturday morning.
i. Could you help me? I'm looking for the toy department.
j. Do you have any newspapers from other countries?

EXERCÍCIO 11 Escute e repita as palavras a seguir e depois escreva três palavras na coluna de cada loja na tabela (vai sobrar uma palavra, que pode ser usada em qualquer tipo de loja):

envelope traveler's checks manicure salami cigarettes driver's licence paracetamol chewing gum Real Madrid shirt checking account olives menswear bikini wax frozen food shop-assistant toothbrush package tennis racket fresh rolls per day aisle 7 haircut exchange rate insurance checkout newspaper 4th floor Bandaids stamp running shoes fitting room

post office	supermarket	bank	beauty salon	sports store
envelope				

drugstore	deli	department store	convenience store	car rental

EXERCÍCIO 12 **Board game**. Use um dado para avançar em qualquer direção no tabuleiro a seguir. Ao atravessar um quadro, é preciso falar (e escrever) um pedido apropriado para aquele lugar, usando as palavras do exercício anterior para ajudar. Por exemplo, se você jogar três, vai atravessar o ***Post Office***, então é possível formar pedidos como:

I'd like to send this package to Brazil, please.
Can I have three stamps for postcards to Brazil, please?

Se você jogar cinco, vai parar no **department store**, com pedidos deste tipo:

Could you tell me where the fitting room is?
Would it be possible to exchange this shirt?

bank	sports store	post office	beauty salon	dept. store	drug store	hardware store	super-market
car rental	Pizza Hut	super-market	drug store	hardware store	dept. store	post office	bank
beauty salon	sports store	conv. store	conv. store	gas station	café	shoe store	airport
bookstore	hotel	deli	newstand	cinema	drug store	car rental	sports store
conv. store	McDonalds	car rental	petshop	dept. store	bank	shopping center	shoe store
sports store	Starbucks	drug store	post office	bookstore	gas station	dept. store	fruit market
deli	petshop	car rental	bank	The Gap	car rental	butcher	conv. store
drug store	shoe store	florists	beauty salon	sports store	mall	post office	opticians

Mais vocabulário de compras com imagens
http://www.learnenglish.de/vocabulary/shopping.htm

Jogo de fazer compras em um supermercado
https://learnenglishkids.britishcouncil.org/en/games/trolley-dash

5. SENTENCES WITH IF *FRASES COM "SE"*

EXERCÍCIO 13 Leia as frases a seguir e combine uma parte com *if* com o resultado apropriado. Depois escute as frases para conferir e repetir e sublinhe todos os verbos para responder à pergunta: Quais são os dois tempos verbais usados neste tipo de frase com *if*?

we're going to buy an apartment   where are they going to stay   they could win the match

I'm not going to drive home   **if** we have enough money   **if** you don't leave right now

if I have another drink   I'm going to call the police   **if** we make a mess in their house

if all the players are fit   My parents aren't going to be happy   **if** there are no hotels?

IF + PRESENT + FUTURE

Esse tipo de frase é chamado de **first conditional**.
Usado principalmente para **situações bastante prováveis**.

! **Cuidado para não usar o futuro depois de *if*:**

If **I'm going to finish** the course (✗) → If I **finish** the course (✓)
If it'**s going to rain** tomorrow (✗) → If it **rains** tomorrow (✓)

EXERCÍCIO 14 Escreva os verbos entre parênteses nos tempos ***Present Simple*** e ***future*** com ***going to***, e depois coloque as frases na ordem correta. Finalmente, escute as frases completas para conferir e repetir:

- If we ________________ (*not get*) the contract, the company ________________ (*close*).
- If the company ____________________ (*close*), I ___________________ (*not have*) a job.
- If I ____________________ (*wake*) up late, I ____________________ (*miss*) the train. (**1**)
- If we _______________ (*sell*) the house, we _______________ (*have to*) live on the streets.
- If I __________________ (*miss*) the train, I __________________ (*be*) late for the meeting.
- If I ____________________ (*not have*) a job, we ____________________ (*sell*) the house.
- If I _______________ (*be*) late for the meeting, we _______________ (*not get*) the contract.

EXERCÍCIO 15 Escreva a segunda parte das frases ***a*** a ***e*** a seguir e a primeira parte das frases ***f*** a ***j*** usando o tempo verbal de acordo com a regra do ***first conditional***:

a. If I study English every day, I'm ______________________________

b. If we don't stop polluting the planet, ______________________________

c. If the flight is cancelled, ______________________________

d. If you come to visit my city, ______________________________

e. If I make a lot of money, ______________________________

f. ______________________________, we're going to have a barbecue.

g. ______________________________, the economy is going to grow.

h. ______________________________, I'm going to celebrate.

i. ______________________________, you're going to lose weight.

j. ______________________________, I'm going to be very happy!

Jogo de combinar partes de frases com *first conditional*
http://kidseslgames.com/grammar%20games/Conditionals/firstconditional1.html

6. MAKING PHONE CALLS *DANDO TELEFONEMAS*

EXERCÍCIO 16 Leia as frases de dois telefonemas e coloque as frases na ordem correta. Depois escute os diálogos para conferir e repetir:

- Yes, just hold on a moment. Who's speaking?
- Ok, ok, I'll answer it. Hello?
- Darling, the phone's ringing!
- It's Bob Lipton, I'm calling about her tax forms.
- Hello, can I speak to Jane, please?

- I'm afraid she's in a meeting at the moment.
- Sure. I'll tell her when she finishes her meeting.
- I see. Could I leave a message for her?
- Good morning, may I speak to Diane Lane, please?
- Of course. Can I have your name, please?
- It's Jenni. Could you ask her to call me back?

To call/ring/phone someone (*Ligar/telefonar para alguém*)
To make/get a call (*Fazer/receber um telefonema*)
The phone is ringing (*O telefone está tocando*) **It's busy/engaged** (*Está ocupado*)
To answer/hang up the phone (*Atender/desligar o telefone*)
Can/Could I speak to/with X? (*Posso/Poderia falar com X?*)
Who's speaking/calling? (*Quem está falando/ligando?*) **It's Y** (*É o/a Y*)
Could you/can you hold the line, please? (*[Você] poderia esperar na linha por favor?*)
Can you/could you wait a moment please? (*[Você] pode aguardar um momento por favor?*)
Can I take/leave a message? (*Posso pegar/deixar um recado?*)
Please ask him/her to call me back (*Peça para ele/a me ligar de volta, por favor*)
I'm sorry, I didn't understand. Can you repeat that, please?
(*Desculpe, não entendi. [Você] pode repetir, por favor?*)

EXERCÍCIO 17 Escolha as duas opções corretas e uma opção errada nas seguintes frases, depois escute as frases corretas para conferir e repetir:

- I *phoned/called/ringed* the bank, but it was always *busy/occupied/engaged.*
- *Can/Could/Would* I speak *to/for/with* Mr. Bond, please?
- Can you *hold the line/wait/call back* a moment, please?
- I'm *calling/sorry/afraid* Sr. Gonzalez is *not here/out of the office/engaged.*
- Who's *calling/talking/speaking*? *I'm/This is/It's* Charles Manson.
- Can I *give/take/leave* a message? *Certainly/Sorry/Of course.*
- Could you *ask/speak/tell* him to call me back *later/yesterday/tomorrow?*
- Sorry, I didn't *listen/hear/understand* that. Can you speak *up/slowly/quickly,* please?

EXERCÍCIO 18 Escreva frases de acordo com as instruções para criar quatro conversações de telefone.

1. Can I ....

PEDE PARA FALAR COM X

DIZ QUE X NÃO ESTÁ EM CASA

DEIXA UM RECADO

DIZ QUE VAI PASSAR RECADO PARA X

2. Hi ....

PEDE PARA FALAR COM X

PEDE PARA AGUARDAR

CUMPRIMENTA X

RESPONDA CUMPRIMENTA Y

CONVIDA X PARA SAIR

ACEITA. PERGUNTA ONDE/QUE HORAS

3. ....

PEDE PARA FALAR COM SR. X

PERGUNTA QUEM ESTA FALANDO

DÁ SEU NOME

NÃO OUVIU. PEDE PARA REPETIR

4. ....

O TELEFONE ESTÁ TOCANDO

PEDE PARA OUTRO ATENDER

NÃO PODE, DIZ POR QUE NÃO

DEIXA UM RECADO NO VOICEMAIL

Uma das aulas de Aprender Inglês com Música – *really cool!*
http://www.youtube.com/watch?v=ne05nLrUKKc&feature=fvwrel

Diversas conversações de telefone, com áudio
https://www.learning-english-online.net/speaking/dialogues/talking-on-the-phone/

7. PRONUNCIATION – HOMOPHONES

PRONÚNCIA – HOMÓFONOS

São palavras com a mesma pronúncia, mas escritas de forma diferente; por exemplo, *acento* e *assento* ou *cem* e *sem*. Para ajudar na memorização de certas palavras, é possível formar pares de homófonos.

EXERCÍCIO 19 Escute e repita as palavras a seguir e escreva do lado outra palavra com a mesma pronúncia, mas escrita de forma diferente. A maioria das palavras já apareceu nos capítulos anteriores deste livro. Depois confira as respostas e repita as palavras novamente:

high (*alto – coisas*) ______	**weight** (*peso*) ______	**weigh** (*pesar*) ______
ate (*passado de eat*) ______	**dye** (*pintar – cabelo*) ______	**son** (*filho*) ______
flour (*farinha*) ______	**queue** (*fila*) ______	**wore** (*passado de wear*) ______
read (*passado de read*) ______	**their** (*deles*) ______ ou ______	
wear (*usar no corpo*) ______	**weak** (*fraco*) ______	**sew** (*costurar*) ______

Leia, escute e repita as frases a seguir:

- **A:** What did you wear for your graduation party?
  B: I wore a long, silver dress.
- We ate some pieces of filet steak with manioc flour.
- **A:** Did you *dye* your hair or did your hair *die*? **B:** Ha ha, very funny.
- If there's a long queue, I'll get the tickets on Tuesday.
- **A:** Did you weigh the suitcase? **B:** Yes, it's the same weight as the other one.

EXERCÍCIO 20 Complete as frases com exemplos de situações reais:

Last year I read ______ This year I'm going to read ______
When I was young, I wore ______ but now I usually wear ______
When you check-in at the airport, you must weigh ______
There is usually a big queue at ______ and ______
If you want to lose weight, you should ______

Joguinho para combinar homófonos
http://www.quia.com/mc/87619.html

PROVAS DE PROGRESSO

UNIT 1

1. Corrija os dois erros em cada frase:

a. Julia are from Lima in Peru. She is university student.
b. Hello, I name is Bruce. I'm from Sydney and I'm eihgt.
c. They're in home. The phone numbers is 3232 9142.
d. The apartment is on São Paulo; he's 500 m from Av. Paulista.
e. Jeff is an businessman and Simone is a architect.

2. Qual é a diferença entre

a. ***a*** e ***an***? Escreva cinco palavras com *a* e cinco palavras com *an*.

----

b. A pronúncia de ***the*** em ***the*** bus e ***the*** airport?

----

c. ***You are*** e ***You're*** (ou He is e He's)?

----

3. Passe para o inglês as frases a seguir:

Meu nome é... Meu sobrenome é... Eu sou de..., no Brasil.

Eles são americanos; ele é de Boston, ela é de Nova York.

Eu estou no escritório e a minha namorada está em casa.

Nós somos Sr. e Sra. Davies; eu sou inglês e ela é brasileira.

O número do meu passaporte é..., e o meu telefone é....

Um sanduíche, uma omelete, uma cerveja e um café, por favor.

Há (*There are*) quarenta quartos, um restaurante e um bar no hotel.

Nós estamos em Londres, e vocês estão no Brasil. É difícil!

----

4. Escreva a pronúncia correta das letras a seguir, por exemplo a = /ei/:

i = /   /   **e** = /   /   **r** = /   /   **y** = /   /
x = /   /   **j** = /   /   **g** = /   /   **h** = /   /

5. Conte de 1 a 10, dez vezes, cada vez mais rápido, depois faça uma contagem regressiva de 10 a 1 da mesma maneira.

UNIT 2

1. Escreva os plurais dos substantivos a seguir:

woman ______ bus ______ country ______ person ______
match ______ man ______ day ______ child ______
dish ______ lady ______

2. **Passe para o inglês as frases a seguir:**

A: Meu nome é Amanda. Prazer em conhecê-lo. B: Igualmente.

A: Bom dia, tudo bem? B: Tudo bem, obrigado. E você?

A: Muito obrigado pela sua ajuda. B: De nada.

A: Boa tarde. B: Tarde? São 19 horas. Boa noite!

A: A boate é legal? B: Sim, é muito massa!

----

3. **Transforme as frases afirmativas em negativas e interrogativas:**

a. He's at home. ________________

b. They're Spanish. ________________

c. She's a student. ________________

d. I'm in room 12. ________________

e. It's hot. ________________

f. Stella is married. ________________

g. You're Brazilian. ________________

h. Americans are friendly. ________________

i. We're late. ________________

4. **What nationality?**

Cristiano Ronaldo ________________

Silvio Berlusconi ________________

Mikhail Gorbachev ________________

Yao Ming ________________

Shigeru Miyamoto ________________

Napoleon ________________

Michael Schumacher ________________

Pancho Villa ________________

Picasso ________________

5. **Escreva e fale os números a seguir:**

14 ________ 12 ________ 9 ________ 20 ________

18 ________ 3 ________ 17 ________ 13 ________

4 ________ 19 ________ 11 ________ 2 ________

UNIT 3

1. **Complete as frases com um verbo na forma apropriada:**

a. My father ________________ in an office in the center.

b. Brazilian people normally ________________ to the beach at the weekend.

c. Sergio's brother ________________ medicine at Oxford University.

d. I really ________________ Italian food. It's so delicious!

e. She ________________ basketball in the break at school.

f. My wife ________________ 6 uncles, 5 aunts and 18 cousins.

g. Her parents ________________ to our house for Christmas.

h. We ________________ rice and beans five times a week.

i. My grandfather ________________ in a big house in Blumenau.

j. Raphael ________________ TV for about 3 hours a day.

2. **Sublinhe a sílaba tônica da palavra e repita em voz alta:**

• menu • hotel • toilet • hospital • email • afternoon • daughter
• supermarket • police • internet • university • apartment • cousin

3. **Passe para o inglês as frases a seguir:**

Eles são meus parentes.

O primo dela mora na França.

Ela é a irmã da Carolina.

A filha deles gosta de *rap*.

Nova York é famosa por suas lojas.

Nosso filho tem 15 anos.

Ele é seu tio?

A esposa do Gustavo trabalha aqui.

A tia dele tem uma casa em Búzios.

----

4. **Escreva os sete adjetivos possessivos que correspondem aos pronomes I, you, he, she, it, we, them. Depois escreva uma lista de dez palavras em inglês relacionadas a parentesco, cinco do sexo masculino e cinco do sexo feminino.** ______

______

______

5. **What color is....?**

the sun (*o sol*) ______
grass (*grama*) ______
snow (*neve*) ______
a cloud (*uma nuvem*) ______
the sky (*o céu*) ______
Flamengo's shirt (2 cores) ______
wood (*madeira*) ______

UNIT 4

1. **Day and months: escreva todos os dias da semana e os meses do ano (depois confira nas páginas 46 e 55).**

______

______

2. **Passe para a forma interrogativa as frases no Present Simple a seguir:**

a. He reads the paper. ______
b. You get up early. ______
c. I speak Portuguese well. ______
d. They start work at 8 a.m. ______
e. Valerie listens to classical music. ______
f. The bus leaves soon. ______
g. You write a lot of emails. ______
h. The Olympics finish in August. ______
i. You arrive tomorrow. ______

3. **Escreva uma pergunta com *what*, *when* ou *where* que combine com as respostas:**

a. I live in Curitiba. ______
b. My mom is a doctor. ______
c. He comes from Uruguay. ______
d. We go to Rio in April. ______
e. They normally drink water. ______
f. Jake studies in the evening. ______
g. My phone number is 9943 7692. ______
h. My favorite food is pizza. ______
i. On Mondays. ______

4. **Escreva e repita os números a seguir:**

21 ______ 32 ______ 43 ______
54 ______ 65 ______ 76 ______
87 ______ 98 ______ 109 ______
596 ______ 2,423 ______
140,000 ______
6,225,000 ______

5. **Passe para o inglês as frases a seguir:**

a. Geralmente eu levanto antes da minha esposa.

______

b. Durante a semana, nós sempre almoçamos às 12.30.

______

c. Às vezes meus amigos vêm para minha casa no sábado.

______

d. As pessoas raramente escrevem cartas.

______

e. Nossos alunos nunca terminam a tarefa.

______

f. A gente quase nunca fala inglês na aula.

______

g. Normalmente os filmes começam às 21 horas.

______

h. No verão, os ingleses vão ao parque com frequência.

______

UNIT 5

1. Substitua as palavras de *a* a *f* por um *phrasal verb* com o mesmo significado, e as palavras de *g* a *k* por um *phrasal verb* com o significado oposto:

a. search ____________ **b.** switch on ____________ **c.** continue ____________
d. disembark ____________ **e.** arrive ____________ **f.** wait ____________
g. go to sleep ____________ **h.** stand up ____________ **i.** come in ____________
j. get off the bus ____________ **k.** take off (clothes) ____________

2. Passe as frases a seguir da forma positiva para a negativa, ou vice-versa:

My parents like Brazil. ____________
She doesn't have a sister. ____________
The shop opens on Saturdays. ____________
He plays tennis at school. ____________
Bill doesn't smoke a lot. ____________
I go to church every week. ____________
Our daughter doesn't study English. ____________
He's from Germany. ____________
It rains a lot in my city. ____________

3. What does it mean?

What's up? ____________ cool ____________ take it easy ____________
loads of ____________ crap ____________ it sucks ____________
a guy ____________ dude ____________

4. Preencha as lacunas com *in*, *at* ou *on*, ou deixe em branco:

• ______ July • ______ Tuesday • ______ 2004 • ______ summer • ______ my birthday • ______ night
• ______ next week • ______ the weekend • ______ the evening • ______ last year • ______ 12th July

5. Escreva todas as formas dos verbos *to have* e *to have got* (*I*, *you*, *he*, *she*, *it*, *we*, *they*) e adicione as palavras apropriadas para formar uma frase – por exemplo: I have two brothers, **I've got** a blue car

____
____
____
____

6. Passe para o inglês as frases a seguir:

a. Por que você gosta de ouvir música quando toma banho?
____
b. Hoje nós estamos em casa porque não temos dinheiro.
____
c. A que horas você começa a trabalhar e a que horas você termina?
____
d. A semifinal é hoje à tarde, e a final é na quinta-feira que vem.
____
e. Qual você prefere, comida italiana ou japonesa?
____
f. Quem é seu jogador de futebol preferido?
____
g. Que tipo de carro você gostaria de comprar?
____

UNIT 6

1. Complete as lacunas com uma das palavras a seguir e depois combine com uma das respostas abaixo das frases:

mean spell get old going can get pronounce

• How do you ____________ to school? • How do you ____________ your name?
• How do you ____________ this word? • Hey, how's it ____________?
• How do you ____________ *gastar* in English? • What does *although* ____________?
• How ____________ I get to the station? • How ____________ is your brother?

S-M-I-T-H good, thanks embora he's 24 spend it's /kwait/ by car turn left here

2. **Transforme os pronomes sujeitos entre parênteses em pronomes objetos:**

- Please show _______________ (**I**) your passport
- John calls _______________ (**she**) every day
- I give _______________ (**he**) money to buy food
- Just put _______________ (**it**) on the table, thanks
- Can you bring ______ (**we**) the menu, please?
- I can text _______________ (**you**) the number
- Please tell _____________ (**they**) that I'm here
- If you ask _____________ (**I**), this place sucks!

3. **Escreva oito níveis de intensidade de gostar (gostar um pouco, gostar, gostar muito, adorar) e não gostar (não gostar muito, não gostar, não gostar nada, odiar), então complete com um substantivo ou um verbo no gerúndio. Por exemplo:**

I quite like beer, I love watching TV

____
____
____
____

4. **Passe para o inglês as frases a seguir:**

a. Ele não consegue terminar o trabalho hoje.
____
b. Você sabe falar russo? Não, mas consigo entender.
____
c. Desculpe. Você não pode fumar no restaurante.
____
d. Você pode trazer uma Coca com gelo, por favor?
____
e. Eles conseguem entender a professora quando ela fala.
____
f. Podemos ficar aqui? Não, não podem.
____
g. Posso usar o banheiro, por favor? Sim, é claro.
____

5. **Escolha a opção correta para completar as frases a seguir:**

a. I'd like a double cheeseburger *but/and/also* French fries, please
b. We study English *so/but/because* it's very important nowadays
c. *Although/Because/But* she lives in Miami, she never goes to the beach
d. It often rains in Manchester, *so/and/but* take a waterproof jacket
e. He doesn't have a job or any money, *and/but/so* he drives a Mercedes
f. The food is delicious. It's *although/also/so* very expensive

UNIT 7

1. **Escreva a pronúncia (como um brasileiro ouve) das palavras a seguir e sublinhe a sílaba tônica das palavras com mais de uma sílaba:**

minute */minit/* ____________________
funny ____________________
women ____________________
cough ____________________
steak ____________________
high ____________________
noise ____________________
fruit ____________________
although ____________________
through ____________________
parents ____________________
chocolate ____________________
lettuce ____________________
lamb ____________________
heart ____________________

2. **Passe para o inglês as frases a seguir:**

a. Precisamos de manteiga para as cenouras.
____
b. Você tem queijo para comer com o macarrão?
____
c. Estes morangos estão uma delícia. Tem creme de leite?
____
d. Eu adoro comer bolacha e tomar leite antes de dormir.
____

e. Tem frango na geladeira, mas não tem batata.

---

f. Cadê aquelas maçãs? Estão naquela sacola em cima da mesa.

---

3. Escreva respostas para as seguintes perguntas:

Qual é a diferença entre substantivos contáveis e incontáveis?

Dê cinco exemplos de comidas ou bebidas incontáveis.

Com que tipo de substantivo é preciso usar *some* ou *any*?

Qual é a diferença entre o uso de *some* e *any*?

Escreva três frases positivas, três negativas e três interrogativas, usando *some* ou *any* e tipos de comida/bebida:

---

4. Faça uma lista de cinco cômodos de uma casa e três móveis diferentes que normalmente encontramos em cada um. Depois escreva frases usando formas diferentes de *There is* e *There are*, por exemplo:

In the kitchen there is a table and there are 4 chairs. In the living-room there is a sofa and there are 2 armchairs

---

5. Faça perguntas para as respostas em negrito nas frases a seguir:

a. ______? I have **$30**.
b. ______? There are **3** bathrooms.
c. ______? We go to the gym **twice a week**.
d. ______? We **always** recycle our bottles.
e. ______? Each lesson is **50 minutes**.
f. ______? It's **25 km** from here to the center.
g. ______? There's **a kilo** of chicken.
h. ______? It takes **8 hours** to get there.
i. ______? We study **8** subjects at school.
j. ______? She **hardly ever** calls me.
k. ______? I call her about **10 times a day**.
l. ______? The beach is **100 m** from my house.

UNIT 8

1. Passe para o inglês as frases a seguir:

a. Tem um caderno novo no meu bolso da bermuda que está em cima daquela poltrona.

---

b. Por que você esta usando um moletom caro para jogar basquete?

---

c. A sala de jantar está limpa, mas a cozinha está suja.

---

d. Por favor, não coloque seu chiclete no cinzeiro. É nojento!

---

e. O programa foi interessante, mas um pouco difícil de entender.

---

f. Piscinas são muito perigosas para famílias com crianças pequenas.

----

g. Esta máquina de Xerox é muito velha e bem lenta.

----

2. Responda às seguintes perguntas:

Quais são os tempos verbais das frases **I live in London** e **I'm living in London?**

Quando que se usa o Present Continuous?

Dê cinco exemplos com sujeitos diferentes (he, we, they, Maria etc.) na forma positiva.

Escreva seus cinco exemplos nas formas negativa e interrogativa

----

----

3. Escreva uma preposição de lugar para cada imagem:

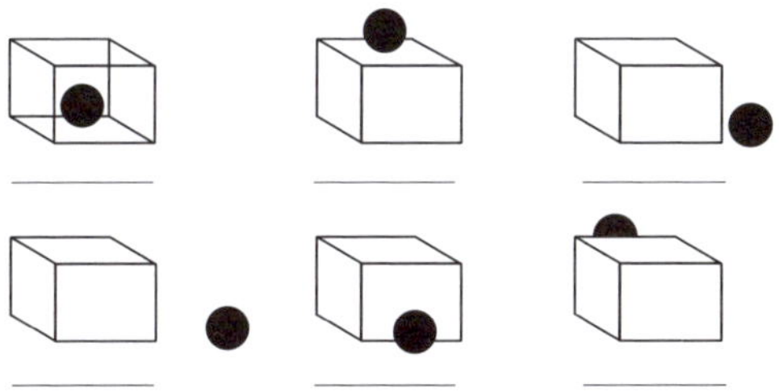

Complete as frases com uma preposição de lugar:

a. We left our luggage ______________ a locker ______________ the station ______________ Rome

b. My parents met __________ a party __________ university. Mom was dancing __________ the table!

c. ______ the cinema, do you prefer to sit ______ the front, ________ the back or ________ the middle?

d. She works __________ the centre, __________ an office ____________ the 5th floor of the Seisa Center

4. Escreva três coisas que se usam:

No pé ____

Na parte de baixo do corpo ____________________________

Na parte de cima ________________________________

Quando está frio ________________________________

5. Escreva uma lista de palavras em português que terminam em -ção, depois passe para o inglês (e confira no dicionário).

UNIT 9

1. Escreva os verbos a seguir no passado. Use uma variedade de sujeitos e complete os exemplos.
Por exemplo: Gostar → *We liked the food in Barcelona.*

jogar ____

tentar ____

ficar ____

assistir ____

comprar ____

ter ____

terminar ____

dar ____

ver ____

parar ____

2. Passe para o inglês as frases a seguir:

a. Anteontem fui ao shopping e gastei $450.

---

b. Meus pais vieram nos visitar no ano passado e adoraram o Brasil.

---

c. Diana me disse que eles saíram de casa há 20 minutos.

---

d. Eles se conheceram quando ela tinha 15 anos, e se casaram 2 anos depois.

---

e. Na semana passada eu achei uma carteira na rua, então levei para a polícia.

---

f. Há três semanas fizemos uma moqueca e convidamos alguns amigos.

---

3. Escreva respostas para as questões a seguir:

O que é o som de *schwa* (/ə/). Qual é o som mais parecido na língua portuguesa?

Em que tipo de sílaba aparece esse som? ____________

Dê três exemplos de palavras com *schwa*; no começo, no meio e no fim da palavra:

Sublinhe a sílaba com o som de *schwa* nas seguintes palavras:

summer internet introduce impolite delicate station overweight ago

4. Complete os *phrasal verbs* nas frases a seguir:

a. Me and Jane ___________ away last week. We ___________ back on Sunday.
b. That guy took my bag and ___________ away! He's not ___________ back.
c. He borrowed £50 from me 2 months ago and he didn't ___________ it back.
d. My wife washes the clothes but she never ___________ them away.
e. I'm really busy at the moment. Can I ___________ you back later?

5. Escreva o adjetivo antônimo de:

• polite • tall • fat • friendly • good-looking • stupid • boring • long • difficult

UNIT 10

1. Responda às seguintes perguntas:

Por que algumas palavras em frases típicas têm mais ênfase do que outras?

Que tipo de palavra geralmente tem mais ênfase?

Que tipo de palavra geralmente tem menos ênfase?

Qual é o som mais produzido em palavras sem ênfase?

Quais são as três maneiras de escrever o som de /ʌ/?

---

2. Complete as frases a seguir com a preposição *to* caso necessário:

a. Can you please call _______ a taxi to take us _______ the airport?
b. I asked _______ her where John was. She told _______ me he went _______ the bank.
c. Did you go _______ shopping today? Yes, we went _______ the shopping center.
d. We drove _______ Curitiba, stayed for 3 hours, then drove _______ home again.
e. Just go _______ upstairs, get the charger, and bring it _______ me, ok?

3. What does it mean?

She's a babe. ____________
I feel like going out. ____________
They're my buddies. ____________
She's really loaded. ____________
We were wasted. ____________
I'm totally screwed. ____________
He's an asshole. ____________
I made out with her once. ____________

4. Passe os verbos a seguir para as formas negativa e interrogativa:

She went to work. ______

They bought a car. ______

We stayed at home. ______

He enjoyed the film. ______

It was cold. ______

Marco came home yesterday. ______

You saw Jim today. ______

She took a long time. ______

5. Passe para o inglês as frases a seguir:

a. Normalmente a gente vai a pé, mas hoje nós fomos de carro.

______

b. O avião estava atrasado, então perdemos o trem quando chegamos em Lisboa.

______

c. Eu peguei um táxi até a estação, depois peguei um trem até York (*2 different verbs*).

______

d. Como você vai para a escola? Eu sempre vou de metrô.

______

e. Quando você entrar no avião, verifique o número do assento no cartão de embarque.

______

UNIT 11

1. Passe os verbos a seguir para as três formas de *to be going to* (positiva, negativa e interrogativa), usando o sujeito entre parênteses. Por exemplo:

Play golf (I) → *I'm going to play golf, I'm not going to play golf, Am I going to play golf?*

studies (*he*) ______

meet friends (*they*) ______

open at 9 a.m. (*the store*) ______

buy some wine (*she*) ______

rain tomorrow (*it*) ______

be worried (*my mom*) ______

get a good job (*Túlio*) ______

make money (*I*) ______

2. Passe para o inglês as frases a seguir:

a. Vocês vão comprar um apartamento no ano que vem?

______

b. Nós vamos para a China daqui a 3 dias e vamos ficar uma semana lá.

______

c. Amanhã eu vou trabalhar de manhã, mas não vou trabalhar à tarde.

______

d. Depois de amanhã meu chefe vai me dizer se ele vai viajar este mês.

______

e. Quando a Patrícia chegar, vamos começar a reunião?

______

f. Eles não vão ter o dinheiro na semana que vem, por isso não vão pagar.

______

g. Você acha que o mundo vai ser muito diferente daqui a 50 anos?

______

3. Escreva a pronúncia (como um brasileiro ouve) das seguintes palavras e sublinhe a sílaba tônica das palavras com mais de uma sílaba:

bought ______ area ______ jealous ______

cloudy ______ taught ______ receipt ______

owner ______ serious ______ busy ______ weather ______

ought to ______ delicious ______ fountain ______

4. Complete as frases com um verbo na forma apropriada:

a. I've got an idea. Let's _______________ lunch at Bella Pizza
b. Next year I'm planning to _______________ a book about my experiences
c. What are you thinking of _______________ your wife for her birthday?
d. In the future I'd really like to _______________ my own business
e. We're thinking of _______________ to Gramado. How about _______________ with us?
f. Are you _______________ to go away? No, we're _______________ of staying home

5. Escreva frases que combinam tipos de tempo (sol, chuva, neve, nuvens, vento, temperatura) e expressões de tempo no presente, no passado e no futuro. Por exemplo: *Today is sunny.... It's going to rain tomorrow... It snowed yesterday.*

UNIT 12

1. Coloque as palavras em ordem de modo que formem frases:

a. speak / can / John / to / please / I ? _______________
b. is / speaking / who? / Jones / is / it / Mr. _______________
c. hold / you / the / please / could / line? _______________
d. afraid / I / 'm / not / he / moment / 's / at / here / the _______________
e. possible / call / to / be / back / would / later / it? _______________

2. Corrija o erro em cada uma das frases a seguir:

May you get me a glass of water, please?
Could it be possible for you to send the tickets by email?
I'd like buying some black sneakers, size 9 I think.
A: Can we have a double room for 2 nights? **B:** Certainly not.
Could you please to bring us some more water, please?

3. What can you buy? Escreva uma lista de pelo menos três produtos ou serviços que você pode comprar nas seguintes lojas:

drugstore _______________
supermarket _______________
sports store _______________
post office _______________
hardware store _______________
beauty salon _______________

4. Escreva respostas para as seguintes questões:

O que é o First Conditional? → (_______________ + _______________ +_______________)
Em que tipo de situação se usa o First Conditional? _______________
Crie frases com o first conditional usando as sequências de verbos abaixo:

study English – pass exam; pass exam – get good job;
get good job – travel a lot; travel a lot – use my English!

----

5. Passe para o inglês as frases a seguir:

a. Ela foi para o hospital porque quebrou o braço.
____
b. Cortei o meu dedo. Você pode me dar um Bandaid?
____
c. Desde o acidente, meu pé e meu joelho sempre doem no inverno.
____
d. Estou com dor de barriga. Vocês têm algum remédio que eu possa tomar?
____
e. Sua boca está doendo? Não, mas estou com dor no pescoço.
____

RESPOSTAS AOS EXERCÍCIOS

UNIT 1

1. INTERNATIONAL ENGLISH

EX. 1 • **b.** a doctor • **c.** a camera • **d.** a pizza • **e.** a taxi • **f.** a football • **g.** a sandwich • **h.** a (tele)phone **i.** a hamburger • **j.** a cowboy

- Para a maioria dos substantivos de duas sílabas, é a **primeira sílaba** que tem mais ênfase.
- As palavras que têm ênfase diferente em português são: doutor, futebol, sanduíche, telefone, hambúrguer, caubói.

2. PERSONAL INFORMATION

EX. 2 Surname: **Fernandes** • Origin: **Santos**, Brazil • Full name: **Ana** Jones • Address: 10 King Street, **Oxford** • Occupation: **Artist** • Name: **Barbara** • Nationality: **American** • Age: **22**

3. THE VERB TO BE – I, YOU, WE, THEY

EX. 4 **a.** Hi, we're Jack and Flora. We are from Australia. • **b. A**: Hello, I am Jean-Pierre • **B:** Oh, you're French • **A:** No, I'm from Canada. **c.** Bob and Sue are English. They're from Liverpool. **d. A:** Hi, we're Mr. and Mrs. Schmidt. I'm Andreas... **B:**...and I'm Karine, hello!

EX. 7 **R:** Hello, can I help you? **B:** Hi, **we're** Mr. and Mrs. Goody from Chicago.
R: Ok...ah yes, **you're** the friends of Mr. and Mrs. West, right? **B:** Yes, **we are**. **Are they** here? **R:** Yes, **they're** in the restaurant. **B:** Thanks. **I'm** so pleased **R: You're** in room 284. Here **you are**.

EX. 8 **a.** Mr. and Mrs. Goody are from Australia. ✗ They're from Chicago/America/USA.
b. They're friends of the receptionist. ✗ They're friends of Mr. and Mrs. West.
c. Mr. and Mrs. West are in the hotel. ✓ Correct
d. Mr. and Mrs. West are in the bar. ✗ They're in the restaurant.
e. Mr. and Mrs. Goody are in the reception. ✓ Correct
f. They're in room 282. ✗ They're in room 284.

4. NUMBERS FROM 1 TO 10

EX. 9 • **0. zero** /ziãrou/ • **1. one** /uan/ • **2. two** /tuu/ • **3. three** /thri/ • **4. four** /for/ • **5. five** /faiv/ • **6. six** /siks/ • **7. seven** /sevãn/ • **8. eight** /eit/ • **9. nine** /nain/ • **10. ten** /ten/

EX. 10 **a.** five • **b.** seven • **c.** six (footballs) • **d.** eight (o'clock) • **e.** two (pizzas) • **f.** three (cameras) • **g.** nine

EX. 11 • 9214-8375 • 3886226 • 435897 • 10278 • 2477 (Atlantic Avenue)

5. A/AN

EX. 14 a supermarket (***um supermercado***), a bank (***um banco***), an omelet (***uma omelete***), a coffee (***um café***), an idea (***uma ideia***), a cigarette (***um cigarro***), an upgrade, an Apple Mac, a park (***um parque***), a visa (***um visto)***, an elevator (***um elevador***), a theater (***um teatro***), a restaurant (***um restaurante***), an important problem (***um problema importante***)

6. THE

EX. 19 the airport – a plane • a hotel – a room/an elevator • an office – an elevator • the internet – a website • a bar – a beer • the theatre – an actor • a restaurant – a pizza • the bank – a credit card

7. TO BE – HE, SHE, IT

EX. 20 Dilma (**b**), Florianópolis (**a**), My boyfriend (**e**), Lady Gaga (**c**), My apartment (**f**), Lionel Messi (**d**)

EX. 22 **a.** Miguel **is** from Madrid. **He**'s the marketing director.
b. A: Thank **you** very much • **B: You**'re welcome.
c. Will and Kate **are** English. He'**s** from London and **she** is from Bucklebury
d. You'**re** in room 441. It'**s** on the 4th floor.
e. A: Are you from Brazil? **B:** No, **we** are from Portugal.

f. Hello, my name **is** Johnny. I'**m** an actor and **I**'m from America.
g. The Louvre museum **is** fantastic. **It**'s so interesting.
h. Mr. and Mrs. Rosa **are** Mexican. **They're** from Cancún.

8. THE ALPHABET

EX. 24 E, P, G – /**ii**/ • H – /**ei**/ • N – /**e**/ • Q – /**uu**/ • Y – /**ai**/

EX. 25 **1**. boyfriend **2**. airport **3**. example **4**. sandwich **5**. restaurant **6**. beach **7**. supermarket **8**. address

---

UNIT 2

1. BRAZILIAN ENGLISH

EX. 1 • fazer um test-**drive** • **fast** food • **play**ground • **shopping** center • air**bag** • **ham**burger • **hot**dog • **happy** hour • bar**man** • China in **box** • **city** tour • free**shop** • coffee **break** • Coca **light**

EX. 2 • hot • bag • drive • play, break • man • city • shopping • light, fast

2. SOCIAL EXPRESSIONS

EX. 3 **1.** For you • **2**. thank you • **3**. Good night • **4**. Please, help me • **5.** Ok, no problem • **6.** Nice to meet you
• **7.** Nice to meet you too • **8.** Good morning • **9.** How are you? • **10.** Fine, thanks, and you?

EX. 4 **a.** I'm fine, thanks, and you? • **b.** Thanks/Thank you (very much) • **c.** You're welcome • **d.** My name is [Pedro] • **e.** Good afternoon • **f.** Ok, no problem • **g.** Nice/Pleased to meet you too

3. TO BE – QUESTIONS

EX. 5 Is Paulo from Brazil? – No, he's Italian • Is it hot in London? – Yes. It's about 30°C • Are you here on business? – No, we're here on holiday • Are they in the hotel? – Yes, they're in room 65 • Am I stupid? – No, you're very intelligent! • Is she your girlfriend? – No, she's a friend • Is it a big city? – No, it's very small • Are we on the TAM flight? – Yes, you are. Here is your ticket

EX. 6 You're from the USA → **Are you** from the USA?
We are the champions → **Are we** the champions?
Lisbon is beautiful → **Is Lisbon** beautiful?
You are good at sport → **Are you** good at sport?
Bill is in Portugal → **Is Bill** in Portugal?
Your mother is at home → **Is your mother** at home?
Brazilians are friendly → **Are Brazilians** friendly?
The final is in Rome → **Is the final** in Rome?

EX. 8 • Are the rooms big? • Is the food delicious? • Is the hotel in the center? • Are the beds comfortable?
• Is the bar open? • Is the service good?

EX. 9 • <u>Is he</u> English? • <u>Is she</u> your boss? • <u>Is she</u> happy to be home? • <u>Is he</u> at the airport? • <u>Is she</u> a pilot?
• <u>Is he</u> from Germany?

4. COMMON OBJECTS

EX. 10 **1.** a laptop • **2.** a jacket • **3.** a watch • **4.** money • **5.** sunglasses • **6.** a pen • **7.** a bag • **8.** a ticket

5. PLURAL NOUNS

EX. 11 **a.** At Brazilian **universities**, 52% of students are **men**, 48% are **women**.
b. 2 million **people** use Google every day; a total of 5 million **searches**.
c. In many **countries**, the majority of the population is in the **cities**.
d. The **teams** in the Brazilian Championship play 42 **matches** in the season.
e. It's a good idea to read stories to **children** and **babies**.

EX. 12 • She's an intelligent woman → They are intelligent women. • My child is making a different dish → My children are making different dishes. • There is a baby on the bus → There are babies on the buses. • The story is about a person in prison → The stories are about people in prison. • It's a big city. It's a big country → They're big cities. They're big countries.

EX. 13

	W			C		F	A	S	T	
J	A	C	K	E	T			U		
	T			L				N		
	C			L		W		G		
	H			P	E	O	P	L	E	
				H		M		A		C
				O		E		S		H
				N		N		S		E
	M	O	N	E	Y			E		E
	A					B	U	S	E	S
	N	I	G	H	T					E

6. TO BE – NEGATIVE

EX. 15 **I'm not** *(Eu não sou/estou)* • **We aren't/We're not** *(Nós não somos/estamos)* • **He isn't/He's not** *(Ele não é/está)* • **You aren't/You're not** *(Vocês não são/estão)* • **She isn't/She's not** *(Ela não é/está)* • **They aren't/They're not** *(Eles não são/estão)* • **It isn't/It's not** *(Não é/está – objetos/lugares etc.)*

EX. 16 • My mother **isn't (is not)** • **It's not/It isn't** very hot • The students **aren't (are not)** • **I'm not** normally • The shopping centre **isn't (is not)** • The children **aren't (are not)** • **It isn't (It's not)** a very big • My glasses **aren't (are not)**

7. NUMBERS FROM 11 TO 20

EX. 18 **11** eleven (ilevãn) • **12** twelve (tuelv) • **13** thirteen (thertiin) • **14** fourteen (fortiin) • **15** fifteen(fiftiin) **16** sixteen (sikstiin) • **17** seventeen (sevãntiin) • **18** eighteen (eitiin) • **19** nineteen (naintiin) • **20** twenty (twenti)

EX. 19 Eighteen • Fifteen • Fourteen • Nineteen • Twenty • Seventeen • Sixteen • Thirteen • Twelve

EX. 20 • age you can drive a car in Brazil = **eighteen** • days in 2 weeks = **fourteen** • players in a football team = **eleven** • eight plus five = **thirteen** • Ronaldo's age in 1994 World Cup = **seventeen** • players in a rugby team = **fifteen** • twenty minus four = **sixteen** • Olympics in London = **twenty twelve** (2012) • ten plus nine = **nineteen**

8. COUNTRIES AND NATIONALITIES

EX. 22 Mexico – chili con carne, Germany – sausage, Scotland – whisky, Italy – pasta, Japan – sushi, China – chow mein, Russia – stroganoff, USA – hotdog, France – baguette, Spain – paella, Portugal – port wine, India – curry.

EX. 23 **-ese**: Japanese, Chinese, Portuguese **-(i)an**: Mexican, German, Italian, Russian, American, Indian **-ish**: English, Scottish, Spanish [Exceção – French]

EX. 24 Beethoven – **German**, Pikachu – **Japanese**, Gandhi – **Indian**, Charles de Gaulle – **French**, Benjamin Franklin – **American**, Rei Juan Carlos – **Spanish**, Sean Connery – **Scottish**, Mao Tsétung – **Chinese**, Vasco da Gama – **Portuguese**, Da Vinci – **Italian**

9. PRONUNCIATION – LONG VOWELS (1)

EX. 26 **a.** One metre is about three feet. **b.** Please have a seat. **c.** We have two girls; Marie is twelve and Lucy is thirteen. **d.** At the weekend I like to wear jeans and a T-shirt. **e.** I normally eat fruit in the evening.

EX. 27 • I drive a Honda Fit. (**A**) • My boyfriend has big feet. (**A**) • Excuse me, this is my seat. (**B**) • Excuse me, can I sit here? (**B**) • *Twilight* is a teen movie. (**A**) • *Twilight* is in my top ten movies. (**B**) • She loves black jeans. (**B**) • A gin and tonic, please. (**B**) • Brazilians eat rice and beans (**A**) • What time is it? (**A**)

UNIT 3

1. BRAZILIAN ENGLISH

EX. 1 outdoor = billboard, fashion = fashionable, motoboy = courier, mailing = mailing list, caubói = on the rocks, pen drive = memory stick, coquetel = cocktail party, smoking = tuxedo, shopping = mall/shopping center, vôlei = volleyball, tênis = sneakers, faroeste = western, bife = steak

EX. 2 • The students normally wear **sneakers** to play **volleyball** • Many **billboards** advertise **fashionable** clothes and shoes • Can I have a whisky **on the rocks,** please? • The complete **mailing list** is on the **memory stick** • We went to the **shopping center/the mall** to have lunch. I had a **steak** and a salad. • **Tuxedos** are compulsory for men at the club **cocktail party**

2. POSSESSIVES

EX. 3

Pronoun	I	you	he	she	it	we	they
Poss. Adj	**my**	**your**	**his**	**her**	**its**	**our**	**their**

EX. 5 • A: Hello, what's **your** name? B: Hi, **my** name is Simon • This is my brother**'s** girlfriend. **Her** name is Patrícia. • Sergio is at **his** house or he's at his girlfriend**'s** apartment. • My parents normally have a Christmas party at **their** house • We study English at school. **Our** teacher**'s** name is Gabriela • The students are in **their** second year at university • India**'s** economy is very strong. **Its** GDP is now $2 trillion • Alex and Katy like different food; **his** favorite is pizza and **her** favorite is sushi.

EX. 6 **i.** A • **ii**. P • **iii**. A • **iv**. A • **v**. P • **vi**. P

3. THE FAMILY

EX. 7 mãe – mother (mum/mom), pai – father (dad), pais – parents, parentes – relatives, filho – son, filha – daughter, irmão – brother, irmã – sister, marido – husband, esposa – wife, tia – aunt, tio – uncle, avô – grandfather, avó – grandmother, primo/a – cousin

EX. 8 • Sandy is Junior's **sister** and Junior is Sandy's **brother** • Chitãozinho is their **uncle** and Xororó is their **father/dad** • Xuxa is Sasha's **mother/mom** and Sasha is Xuxa's **daughter** • Beyoncé is Jay-Z's **wife**. Jay-Z is Beyoncé's **husband** • Malu Mader is Erika Mader's **aunt**. Érica is her **niece**.• Queen Elizabeth is Prince William's **grandmother**. He is her **grandson** • Pedro and Thiago are **cousins**

4. THE PRESENT SIMPLE – I, YOU, WE , THEY

EX. 11 Well, **my** name is Pam, **my** husband**'s** name is Mario and we live in New Jersey. I work as a hospital administrator and Mario works for a construction company. We have one son, **his** name is Tom, and one daughter, **her** name is Charlene. They study at a local school, and **their** friends normally come to play at **our** house in the afternoons. At the weekend we like to play tennis or go to the park with the kids. In the evening we go to a bar or a club (when we have a babysitter), or friends come to **our** house to eat something or watch a film.

EX. 12 **a**. V **b**. F **c**. F **d**. NS **e**. V **f**. F **g**. NS **h**. NS **i**. F **j**. V

EX. 14 Pam's husband's name is **Mario / Paulo**. They live in **New Jersey / New York**. She works as a hospital **administrator / teacher** and he works for **a building company / Pepsi Co**. They have **a son and a daughter / two sons**. They study at **school / university**. Their friends come to **play / study**. They play **tennis / baseball** or go to the **park / mall**. They go to a **bar or club / the cinema or the theater.** Friends come to **eat / drink** something or watch a **film / movie** (a mesma coisa).

EX. 16 *As que não combinam são*: Work in the toilet, Live in a bag, Play computer, Go to a Drink, Study in a shop, Have tennis, Like in my house, Eat a mineral water, Watch a song, Come to our cousin.

5. PRONUNCIATION – WORD STRESS (1)

EX. 17 **e**mail, **T**-shirt, ho**tel**, C**D** player, **al**cohol, **Can**ada, con**trol**, **el**evator, maga**zine**, **men**u, **in**ternet, Portu**guese**, **so**fa, **su**permarket, uni**ver**sity, **vo**lume, **boy**friend

6. THE PRESENT SIMPLE – HE, SHE, IT

EX. 19

Luciano	Maya
1. He likes music.	She likes books.
2. He has 200 CDs.	She has 500 books.
3. He goes to a lot of shows.	She goes to the cinema every week.
4. He plays video games.	She plays volleyball.
5. He eats fast food.	She eats salads.
6. He drinks Sprite.	She drinks water.
7. He studies for 10 minutes a day.	She studies for 4 hours a day.
8. He reads comics.	She reads literature.

EX. 20 • We live 5 km from the center, so we go to work by bus • My brother studies at university and works in the evening • The hotel has a pool and there is a good restaurant • At the weekend they watch TV and play video games • Come here! I have a present for you • Dani likes Japanese food. She eats sushi every week.

7. THE COLORS

EX. 22 cinza = **gray**, vermelho = **red**, verde = **green**, preto = **black**, amarelo = **yellow**, roxo = **purple**, cor de rosa = **pink**, branco = **white**, marrom = **brown**, azul = **blue**, laranja = **orange**

EX. 23 Red + blue = **purple** • Blue + yellow = **green** • Black and white = **gray** • Red + yellow = **orange** • White + red = **pink** • Red + blue + yellow = **brown** • Purple – blue = **red** • Green – yellow = **blue** • Orange – red = **yellow** • Pink – red = **white**

8. PRONUNCIATION – TH

EX. 27 *Na primeira versão errada, no lugar do /**th**/ a pessoa fala*: i. /**t**/ • ii. /**s**/ • iii. /**f**/ • iv. /**z**/

UNIT 4

1. THE DAYS OF THE WEEK

EX. 1 Monday, Tuesday, Wednesday, Thursday, Friday, Saturday, Sunday, the weekend

EX. 3

				S	
				A	M
T				T	O
H		W	F	U	N
U		E	R	R	D
R	T	D	I	D	A
S	**U**	**N**	**D**	**A**	**Y**
D	E	E	A	Y	
A	S	S	Y		
Y	D	D			
	A	A			
	Y	Y			

2. THE PRESENT SIMPLE – QUESTIONS

EX. 6
- **Do** they **have** a reservation?
- **Does** Alessia **study** Japanese?
- **Do** Mike and Letty **want** to be rich ?
- **Does** their daughter **read** a lot?
- **Does** Sabrina **like** living in Belém?
- **Does** he **go** to church on Sundays?
- **Do** you **work** in the centre of Lima?
- **Do** your parents **come** to visit you?
- **Do** they **drink** alcohol in Saudi Arabia?
- **Do** Brazilians **eat** a lot of fish?

EX. 7 **Do** people in Colombia speak Spanish? (**Y**)
Does Superman work for a magazine? (**N**)
Does William Bonner read the news on Band? (**N**)
Does Homer Simpson drink Heineken? (**N**)
Does Denmark have a royal family? (**Y**)
Does the President of the USA live in the White House? (**Y**)
Do the French play rugby? **(Y)**
Does an entomologist study insects? (**Y**)
Do the Japanese make Kia cars? (**N**)
Do penguins live in the North Pole? (**N**)

3. NUMBERS 21+

EX. 8 **40** forty, **50** fifty, **60** sixty, **70** seventy, **80** eighty, **90** ninety, **100** a hundred, **1000** a thousand, **1,000,000** a million

EX. 10 **44** = forty-four • **81** = eighty-one • **29** = twenty-nine • **33** = thirty-three • **92** = ninety-two • **78** = seventy-eight • **56** = fifty-six • **65** = sixty-five • **22** = twenty-two • **117** = a hundred (and) seventeen • **455** = four hundred (and) fifty-five • **1748** = one thousand, seven hundred (and) forty-eight • **5392** = five thousand, three hundred (and) ninety two

EX. 11

price	age	time	temperature	population
$6.99	15	6.45	26°C	400,000
£30,000	72	8.55	34°C	3,000,000

4. WH- QUESTIONS (1)

EX. 14 **a.** in Rio de Janeiro • **b.** fish and chips • **c.** at Christmas • **d.** a hairdresser • **e.** a doctor • **f.** in October • **g.** in Argentina • **h.** at Oxford University

EX. 15 What does your wife do? – **She's a doctor (e)**, When do people give presents? – **People give presents at Christmas (c)**, Where does he study? – **He studies at Oxford University (h)**, Where do Eva and Paulo live? – **They live in Rio de Janeiro (a)**, When do you have a holiday? – **I/We have a holiday on January 1st (f)**, What do you want for lunch? – **I want fish and chips (b)**, Where does the *tango* come from? – **It comes from Argentina (g)**

EX. 16 • When do they start university? They start university in September.
- Where do you go for your holidays? We go to Miami for our holidays.
- What do you watch (on TV)? We watch the news and movies
- Where do you live? I live in a town called Brusque.
- When do tourists come here? Tourists come here in January.
- What does she normally have for breakfast? She normally has yoghurt for breakfast.
- What does your wife do? My wife is a journalist.
- Where does Ricardo work? Ricardo works in Santos.
- What do they study? They study business administration.
- Where do you buy your fruit? We buy our fruit in the market.

6. VERBS FOR A TYPICAL DAY

EX. 18 When does he start work? – **He starts work at 8.30**. Does he drive to the office? – **No, he goes on foot**. Does his wife go to work by train? – **No, she goes by bus**. What does he do when he arrives at work? – **He makes some coffee and reads his emails**. What does he have for lunch? – **He normally has a sandwich and some fruit.** Where does he go in the afternoon? – **He goes to the factory**. When does he finish work? – **He finishes work at 5.30.** Do they make dinner together? – **No, he makes dinner**. What do they do in the evening? – **They watch TV or listen to music.**

7. THE MONTHS OF THE YEAR

EX. 22

S	E	P	T	E	M	B	E	R	A	R	C
D	E	C	E	M	B	E	R	J	U	L	Y
H	J	U	K	E	S	M	A	V	G	R	O
E	M	B	O	T	C	A	N	T	U	P	C
J	A	N	U	A	R	Y	D	I	S	A	T
A	R	S	E	S	I	N	V	E	T	N	O
L	C	S	E	P	O	C	A	W	F	E	B
D	H	C	B	N	O	V	O	P	E	R	E
F	D	J	U	O	B	E	R	E	R	A	R
M	A	U	F	A	P	R	I	N	D	I	L
A	Q	N	O	V	E	M	B	E	R	X	L
R	A	E	C	F	E	B	R	U	A	R	Y

EX. 23 When is Carnival? → in **February** or **March**. When do you celebrate the *Proclamation of the Republic of Brazil*? → **in November**. When is Children's Day? → in **October**. When is New Year's Day? → in **January**. When does the World Cup start/finish? → in **June / July**. When is Easter? → in **March** or **April**. When is Brazilian Independence day? → in **September**.

8. PRONUNCIATION – FAMILIES (1)

EX. 24 /lait/ /fait/ /tait/ /brait/ /sait sii ing/ /flait/ /orlrait/ /laitã/

9. ADVERBS OF FREQUENCY

EX. 25 **Nunca** = never /nevã/ **Muitas vezes** = often /oftãn/ **Às vezes** = sometimes /samtaimz/ **Raramente** = rarely /wreãli/ **Sempre** = always /orlwaiz/ **Quase nunca** = hardly ever /rardli evã/

EX. 26

Do you get up early in the morning?	**always**
Do you read the newspaper?	often
Are you late for work/school?	sometimes
Do you listen to music when you study?	rarely
Do you drink coffee for breakfast?	usually
Do you go to the gym?	never
Do you make the dinner?	sometimes
Do you have a shower in the morning?	normally
Do you sleep in pajamas?	always
Are you at home on Saturday night?	rarely
Do you work/study at the weekend?	often
Do you go to bed late?	sometimes

EX. 29 • We **always** get up late at the weekend • They **hardly ever** have lunch at home • I **normally/ usually** read when I go to bed *ou* **Normally/Usually I** read when.... • My children **never** drink Coke • Fabio is **rarely** in the office • Husbands **sometimes** sleep *ou* **Sometimes** husbands sleep... • The train **normally/usually** arrives at 3.30 *ou* **Normally/Usually** the train arrives... • She **often** goes to work by bus *ou* **Often** she goes... • Carlos is **always** drunk on Fridays

UNIT 5

1. EXPRESSIONS OF TIME

EX. 2 • My wife's birthday is next week.
• This morning we have Miley Cyrus in the studio.
• This week is hotter than last week.
• I have a doctor's appointment this afternoon.
• Come for dinner this evening.
• The semi-final is today, the final is tomorrow.
• We have an important meeting tomorrow morning.
• Yesterday, love was such an easy game to play.

2. PREPOSITIONS OF TIME

EX. 5 **in** the morning • **on** April 4 • **on** Monday • **X** today • **in** 1989 • **at** the weekend • **X** this week • **in** January • **at** 9.30 • **at** night • **on** my birthday • **in** the evening • **X** next year • **at** the moment • **X** last month • **in** the winter • **at** 4 o'clock • **in** the afternoon

EX. 6 Combinações prováveis:
We usually have a barbecue – in the afternoon/evening, at night, in the summer
It's really cold – in the winter, at night, in November
The next Olympic games are – in 2020, in the summer, on 18th June
My son's birthday is – on 18th June, next week, on Saturday, in November
People give you presents – on Christmas day, on your birthday
I never watch TV – in the morning/afternoon/evening, at night/the weekend
This class will graduate – in the summer, in November, on 18th June, in 2020, next week/year
The English course starts – on Saturday, in November, on 18th June, in 2020, next week/year
Henrique goes to school – in the morning/afternoon/evening
She often plays tennis – in the morn/after/eve, at the weekend, on Saturday, in the summer
The museum is closed – next week, at night, in November, on Sat, at the weekend
Do you work...? – in the morn/after/eve, at night, on Sat, at the weekend
Our flight leaves Madrid – on 18th June, at 8.30, in the morn/after/eve, on Sat/Christmas day
The hotel is fully-booked – in the summer/winter, on 18th June, next week, on Sat/Christmas day

3. WH- QUESTIONS (2)

EX. 8 Where is the travel agency located? → It's located in the centre of Recife.
Why does she like her job? → Because she work**s** with the public and travel**s** a lot.
What time does she start work? → She start**s** work at 8.30.
Who are the two bosses? → The two bosses are (called) Graziela and Renato.
Which boss does she prefer? Why? → She prefer**s** Graziela, because she's calm and good to talk to.
What time does she have lunch? → She **has** lunch from 12 to 1.
What type of trips do they organize? → They organize trips for schools, conferences and business events.
Which destination is the most popular? → The most popular destination is Disneyland in Florida.
What time does she finish work? → She finish**es** work at 6 p.m.
Why do they organize conferences near the beach? → Because people go to Recife to relax.

EX. 9 **a.** Elton John (**1**) **b.** 5 star (**7**) **c.** George Washington (**2**) **d.** Spain (**5**) **e.** A poodle (**4**) **f.** It's a global/an international language (**8**) **g.** Corinthians (**3**) **h.** It's raining (**6**)

EX. 10 What kind/type of laptop does he have? He has an Apple laptop.
Which sneakers do you prefer? I prefer the white sneakers.
Why do you live in [São Paulo]? Because I love the city.
What time does she finish work? She finishes work at 6 p.m.
What kind/type of music do they like? They like classical and jazz.
Which room are we in?/am I in? You're in room 712.
What time does the film start? The film starts at 7.30 p.m.
Why do you eat/buy [broccoli]? Because it's healthy and delicious.

4. PHRASAL VERBS (1)

EX. 11 • Hello, please come in. Sit down and I'll get you a drink.
• When me and my wife go out, my mother looks after our children.
• Put on some sun block if you go to the beach; it's very hot today.
• The flight stops in Paris, so we get off the plane for two hours, then get on again.
• I normally get up at 7.30, leave the house at 8 and get to work at 8.30.

• Please turn off the computer when you finish working.
• Look at this photo. It's my dad, talking to/with Nelson Mandela!
• **A:** Where's my credit card? **B:** Hold on a second, I'll help you look for it.

5. THE PRESENT SIMPLE – NEGATIVE

EX. 12

Present Simple – Negative	
I You DON'T + verbo We They	He She DOESN'T + verbo (sem s) It

EX. 13 She **doesn't** switch off the lights • I **don't** understand; I **don't** speak Spanish • It **isn't** hot/It'**s not** hot, so we **aren't**/we'**re not** at the beach • Jim **doesn't** work hard because he **doesn't** like his job • They **don't** go out a lot, they **don't** like socializing • **Don't** sit down and **don't** take off your jacket • My husband **doesn't** cook and he **doesn't** clean the house • Me and Claudia **don't** work in the same office • If the plane **doesn't** arrive at 5.00, it **isn't**/it'**s not** possible

Negative games

The capital of Australia **isn't** Sydney. It's **Canberra**.
Kangaroos **don't live** in South Africa. They live in **Australia**.
Merengue **doesn't come** from Cuba. It comes from the **Dominican Republic**.
A typical American **doesn't eat** 20 kg of beef in a year. He/she eats **30** kg a year!
Insects **don't have** 8 legs. They have **6** legs.
Venus **isn't** the first planet in the solar system. It's **Mercury**. Venus is the **second.**
They **don't speak** English and German in Canada. They speak English and **French.**
Banks in England **don't open** at 10 a.m. They open at **9** a.m.
Cats **don't sleep** for 10 hours a day. They sleep for **12-16** hours a day!
Americans **don't celebrate** Halloween in July. They celebrate it in **October**.

6. EXPRESSIONS AND SLANG (1)

EX. 15 • The bus takes ages to get to the centre • It's 6 o'clock! Sorry, I gotta go. Ok, see you round • Hey man, what's up? • This film is crap/sucks Nicholas Cage is crap/sucks • That guy on *Youtube* is so cool • Nick works on Wall St. I'm sure he has loads of money

7. PRONUNCIATION – R

EX. 16 *A pronúncia errada na primeira leitura está sublinhada:*
a horrible restaurant, rent a car, vodka and Red Bull, rock and roll, we arrive tomorrow, a hotel reservation, call room service, the receptionist is rude, Rachel is really rich, a report on the radio

8. THE VERBS HAVE AND HAVE GOT

EX. 17 • I'**ve got** a very big family. I **have** three brothers and two sisters • Alessandra **has** a new car, but she goes to work by bus • My wife **has got** 8 aunts and uncles and she'**s got** 18 cousins • You'**ve got** beautiful eyes. Are they blue or green? • We normally **have** lunch in a restaurant near my office • The kids **have got** a Nintendo DS and they **have** about 30 games • The directors **have** a 2 hour meeting but they **have** a 10 minute coffee break
• We'**ve got** a problem with the website but I think I **have** a solution

EX. 18 • My parents **have/have got** an apartment in São Paulo. It **has/'s got** 2 bedrooms
• We **have** a meeting at 3.00. I **have/I've got** the presentation on a memory stick
• In Brazil people normally **have** a big lunch and then **have** a snack in the evening.
• We **have/'ve got** another 30 minutes, so let me **have** a quick shower
• I **have /'ve got** an idea. First, we **have** a drink here, then we **have** a pizza

Dictation

EX. 19 I've got an uncle called Carlos – He's got a son and a daughter
His parents have got a lot of money – They've got a big house in São Paulo
You've got 10 minutes to finish – We've got a meeting with the boss
Sheila has got an MBA from Harvard – And she's got 5 years experience

EX. 20 • My sister has got an apartment in Rio de Janeiro • We normally have a barbecue on Sunday • Madonna's got a lot of money • The city has a population of two million • The children have a snack at 4 o'clock • My uncle and aunt have a house in London

UNIT 6

1. CAN AND CAN'T

EX. 1 **i. a.** habilidade (x2) **b.** pedido **c.** possibilidade (x2) **d.** pedido/possibilidade **e.** habilidade (x2) **f.** possibilidade
ii. A forma básica, ou seja, o verbo sem 'to': eat, go, sleep etc.
iii. Trocando a posição de *can* e do sujeito: Can we go? Can I have? Can he play?
iv. Eu posso – **I can**, Você não pode – **You can't**, Nós podemos – **We can**, Eu posso ? – **Can I...?**, Você pode? – **Can you..?**, Não posso – **I can't**, Ele pode – **He can**, Ele não pode.- **He can't**, Não podemos – **We can't**

EX. 2 **SA:** Good morning, how **can I** help you, madam? **C:** Yes, can **you get** me these sneakers, size 7? **SA:** Sure, can you **wait** a moment? **C:** No problem. **I can** look at the other sneakers (*pause*) **SA:** Sorry, I **can't** find size 7. We have a 6 **C:** Ok, I **can try** the 6 (*pause*). Oh no, I can't walk! Can you **bring** me a size 8? **SA:** Sure, **can you** hold on a minute? (pause) **C:** OK, let's try...They're great! Can **I** pay by credit card? **SA:** Yes, **you can** pay with Visa or Mastercard.

EX. 3 **a.** You can't smoke **b.** You can pay by credit card/You can use credit cards **c.** You can drive a maximum of 100 kph/You can't drive more than 100 kph **d.** You can connect to the internet/You can get online. **e.** You can't take dogs/Dogs can't go **f.** You can swim **g.** You can change money **h.** You can't enter/go in

2. QUESTIONS WITH HOW (1)

EX. 7 How is your mom (doing)? – She's fine, thanks, much better.
How do you get to work? – Usually by bus, but sometimes I walk.
How do you open this? – Hold on, let me help you.
How can I print a document? – You just click on this icon.
How can we buy tickets for the show? – You can get them online.
How do you say *impressora* in English? – I think it's printer.
How do you spell your last name? – It's R-O-D-R-I-G-U-E-S.
How do you pronounce the word *busy*? – The correct pronunciation is /bizi/.

EX. 8 • How does he get to school? He gets to school by car • How do you say *elevador* in English? It's elevator • How is Paulo/your brother etc.? He's fine, thanks • How can I get to X? Take the second on the left • How do you pronounce *quite*? It's /kwait/ • What does *cousin* mean? It means *primo* or *prima* • How do you/can I call the police? Here you call 102, 911 in the US • How do you spell that/the name of the city? F-L-O-R-I-A-N-O-P-O-L-I-S

3. PRONUNCIATION – LONG VOWELS (2)

EX. 9 • go • great • war • tough • cash • neighborhood • biscuit • group

4. LIKES

EX. 10

Like	Don't like
1. Quite like (***Gostar um pouco***)	5. Don't like...very much (***Nao gostar muito***)
2. Like (***Gostar)***	6. Don't like (***Não gostar***)
3. Really like (***Gostar muito***)	7. Really don't like (***Não gostar mesmo***)
4. Love (***Adorar***)	8. Hate (***Odiar***)

EX. 11 • He **doesn't like** Brazilian supermarkets **very much** • He **quite likes** the food in Brazil • He **really likes** *picanha* • He **loves** having parties with his friends • He **likes** Brazilian people • He **doesn't like** meeting with Brazilians • He **really doesn't like** driving in Brazil • He **hates** the traffic

5. VERBS + ING

EX. 13 **Os verbos no texto seguidos por gerúndio são**: start, spend, stop, give up, end up, go on, prefer, recommend, imagine

6. OBJECT PRONOUNS - ME, YOU, HIM, HER, IT, US, THEM

EX. 16 • (Please) Can you give me your address (please)? • Another spam email. I hate them • Tell your wife you love her (Tell her you love your wife) • (Please) Take us to the airport (please) • Where's Bill? I miss him • If she sees chocolate, she eats it • (Please) Can you bring us the bill (please)? • Is this exercise difficult for you?

7. PRONUNCIATION – CH AND SH

EX. 17 • On **Christmas** day we always go to **church** with the **children**.
• **A**: Which **shoes** do you **choose**? **B**: The Jimmy **Choos**; they're so **chic**!
• In **China** they eat **chicken** and **chips** with **chopsticks**.
• Can you **check** if we have any **chocolate**-**chip** cookies?
• **Cheddar cheese** is high in **cholesterol** and often full of **chemicals**.
• **She** has a **chance** to **show** her **character** in the World **Championships**.

8. CONNECTIONS

EX. 18 • My son had an enormous pizza **and** he had a lot of ice-cream.
• **Because** it's so hot in the summer, all the rooms have air-conditioning.
• I don't speak Chinese, **so** I can't understand the instructions!
• I'd like to buy some Pringles, **but** I only have R$4,50.
• **Although** she never studies, she passes all her exams at school
• They have an apartment downtown. They **also** have a beach house.

UNIT 7

1. PRONUNCIATION – DIFFICULT WORDS FOR BRAZILIANS (1)

EX. 1 fruit – boot; steak – make; cousin – dozen; great – late; lose – choose; guest – best; high – buy; ready – Freddy; through – true; heart – start; email – female; speak – week

2. COUNTABLE AND UNCOUNTABLE NOUNS

EX. 2 Carrot – CON, rice – IN, strawberry – CON, love – IN, knife – CON, pasta – IN, waitress – CON, meal – CON, food – IN, wine – IN, napkin – CON, money – IN

3. FOOD PYRAMID

EX. 5 **a.** sugar **b.** dairy products **c.** meat and fish **d.** vegetables and salad **e.** fruit **f.** carbohydrates

EX. 6

carbs	fruit	veg/salad	meat/fish	dairy	sugar
bread rice pasta beans/ lentils potato french fries	pineapple apple banana grapes	onion tomato garlic lettuce	lamb beef chicken/ pork seafood	cheese milk yoghurt butter cream	cake cookies chocolate

EX. 7

Starter	Main course	Dessert
a seafood salad, lettuce, tomatoes, olives	**a** beef, red wine, potatoes, carrots	**a** apple pie with cream
b tomato and oregano soup with toast and butter	**b** grilled salmon, mixed vegetables	**b** chocolate and whisky cake
c cheese and onion quiche	**c** pork with lentils, rice	**c** strawberry ice-cream, banana cookies

4. QUESTIONS WITH HOW (2)

EX. 9 **a.** How long does the tour take? It takes about 2 hours. **b.** How much pasta do we need? Approximately 100 g per person. **c.** How much is a double room? It's $140 per night. **d.** How long do they stay at your house? Usually for 2 or 3 days. **e.** How many brothers do you have? Two, Pedro and Mateus. **f.** How many pages are there in the book? 280, including the introduction. **g.** How often does he go to Spain? Once a year, sometimes twice. **h.** How far is it to the airport? It's about 20 km. **i.** How often do you drink alcohol? Maybe twice a week. **j.** How far is New York from Miami? It's 1300 miles, that's 2100 km.

A healthy lifestyle?

EX. 10 **a.** How much fast food do you eat? **b.** How many times a week do you exercise?
c. How often do you drink alcohol? **d.** How long do you spend sitting down?
e. How far do you walk each week? **f.** How many cigarettes do you smoke a day?
g. How many hours do you sleep a day? **h.** How much coffee do you drink a day?

Respostas da Clarissa

EX. 11 **a.** Hardly ever • **b.** 3 or 4 times week • **c.** About twice a week • **d.** About 10 hours a day **e.** 10 km a week • **f.** None • **g.** 8 hours a night • **h.** 5 or 6 cups a day

EX.12

How often? / How many times a month?	How long?	How many?	How far?	How often? / How many times a week?
How much?	How far?	How many?	How much?	How many?
How long?	How much?/How many litres?	How often?	How long?	How far?

EX. 14 **a.** that TV **b.** this computer **c.** those people **d.** this T-shirt **e.** these cats **f.** this woman **g.** those bags **h.** that bus **i.** those houses **j.** this ice-cream

EX. 16 • Hi, I'm Pete, **this** is my wife Paula and **these** are my children • Can you pass me **that** glass, please? • Do you have **those** sneakers in a size 9? • **A**: Let's watch a film **B**: **That**'s a good idea • Look at **those** people over there • I like **this** jacket, but I don't like **those** pants

EX. 17

This is the end my friend – The Doors, **That**'s me in the corner (losing my religion) – R.E.M., **These** little town blues (New York) – Frank Sinatra, , **Those** were the days – Mary Hopkin, **Those** Eyes – The Guess Who, **That**'s the way I like it – KC and the Sunshine Band.

5. THERE IS/THERE ARE

EX. 18 **R: Is there** a problem, sir? **G:** Yes, in fact **there are** some problems. Firstly, **there aren't** any blankets on the beds. **R: There are** blankets in the wardrobe, sir. **G:** Ok. Also **there isn't** any paper. **R:** No problem, here you are. **Is there** anything else? **G:** Yes, **are there** any beach towels? **R:** Um, **there aren't** any beaches here, sir! **G:** No, no, to use in the swimming pool. **R:** But **there isn't** a pool in this hotel.

EX. 19 Are there any carrots? – Yes, there are some carrots • Is there any cheese? – No, there isn't any cheese • Is there a cake? – Yes, there is a cake • Are there any eggs? – No, there aren't any eggs • Is there any bread? – No , there isn't any bread • Are there any apples? – Yes, there are some apples • Is there any chicken? – Yes, there is a chicken/some chicken • Is there a bottle of wine? – Yes, there is a bottle of wine/there is some wine

6. HOUSES

EX. 21 **a.** kitchen **b.** stairs **c.** bathroom **d.** living-room **e.** bedroom **f.** balcony **g.** dining-room **h.** toilet **1.** window **2.** lamp **3.** desk **4.** door **5.** wardrobe **6.** table **7.** sofa

EX. 23 How far is the house from the centre? It's about 3 km from the centre
How many bedroom and bathrooms are there? There are 6 bedrooms and 2 bathrooms
What is there in the garden? There are some tall trees and beautiful flowers
Where do they have breakfast/dinner? They have breakfast in the kitchen, dinner in the dining room
How many sofas are there in the living-room? There are 2 sofas in the living room
Where is their bedroom? Their bedroom is on the 2nd floor
What can you see from their bedroom? You can see the street from their bedroom
Why are there so many books? There are so many books because they love reading
What is there on the dressing table? There are lots of photos of the family

7. PROUNUCIATION – CUT OR EXTEND?

EX. 26 **a.** 1.difficult 2.difficulty **b.** 1.story 2.store **c.** 1.funny 2.fun **d.** 1.sleep 2.sleepy **e.** 1.German 2.Germany **f.** 1.windy 2.wind **g.** 1.noise 2.noisy **h.** 1.healthy 2.health **i.** 1.coffee 2.cough **j.** 1.taste 2.tasty

UNIT 8

1. THE PRESENT CONTINUOUS

EX. 2 **1.** They're watching TV **2.** It's raining **3.** They're studying/writing **4.** He's playing football/ soccer
5. She's reading (a book) **6.** He's cooking/making hamburgers **7.** He's swimming **8.** He's eating

EX. 3 • Paula is in Madrid. She'**s staying** at the Hotel Splendido
• **A:** What do you do? **B:** I **work** in a bank.
• **A:** What are you doing? **B:** I'**m writing** an email
• We usually **spend** Christmas at our beach house

- At the moment the Brazilian economy **is growing** fast
- This week the children **are reading** a book about Mexico
- In England, children normally **finish** school at 3.30.
- Can you help me? I'**m having** problems with my key
- **A:** Where **is** Emily? **B:** She'**s getting** ready
- I don't often **drink** alcohol, but today we'**re celebrating**

2. PREPOSITIONS OF MOVEMENT

EX. 4 *Quando não há necessidade do uso da preposição* ***to****, há um* ***X***
Last weekend I decided to go **X** surfing, so I called my friend Josh to ask **X** him if he wanted to come **to** the beach with me. He walked **to** my house and then we got the bus **to** Bell's Beach. It took about half an hour to get **X** there, and when we arrived Josh went **X** swimming while I got ready **to** surf. Suddenly a guy came up **to** me and told **X** me that my friend was in trouble. I ran **to** the sea and I saw Josh trying to swim **to** the shore and there was blood everywhere. Shark! He yelled. When he got **to** the beach we carried him **to** a bar where we called **X** an ambulance. They took him **to** hospital, he had about 20 stitches in his arm and after a couple of hours we went **X** home. Lucky guy!

• Who did he call to go surfing? He called Josh • Where did they go surfing? They went to Bell's Beach • How did they get to Bell's? They got there/to Bell's by bus • How long did it take to get there? It took half an hour to get there • What did Josh do when they got there? He went swimming • How did he know Josh was in trouble? Because a guy (came up and) told him • Where did the ambulance take Josh? It took him to (the) hospital • When did Josh go home? He went home after a couple of hours

EX. 5 **a.** around **b.** down **c.** around **d.** into **e.** over **f.** up **g.** out of **h.** through

EX. 6 •You should go **up** the Pão de Açúcar. The view is fantastic!
•I sometimes spend a day walking **around** the old city.
•My dog can jump **over** the wall so he often escapes.
•You can't go **into** the supermarket without a shirt.
•They're going to drive **across** America, from New York to L.A.
•The hotel prices go **up** during the Christmas vacation.
•At night I always run **through** the park as quickly as possible.
•When you come **out of** the sauna, you feel very relaxed.

3. PRONUNCIATION – FAMILIES (2)

EX. 7 communication – **comunicação**, reception – **recepção**, nation – **nação,** occupation – **ocupação**, option – **opção**, description – **descrição,** association – **associação,** education – **educação**, action – **ação,** imaginação – **imagination**, inflação – **inflation**, instruções – **instructions**, conversação – **conversation**, ambição – **ambition**, decoração – **decoration,** posição – **position**, condição – **condition**, situação – **situation**

4. PRESENT CONTINUOUS – NEGATIVES AND QUESTIONS

EX. 8 **Negativo**. the printer isn't working; the paper isn't going in, he's not answering; they're not coming; Patty's not feeling well. **Interrogativo**. is Alan working? is he going to the office? are they coming?

EX. 9 I'm not living in Rio, Is he watching TV?, You're not/You aren't staying here, Is it raining?, Are they leaving?, I'm not kidding, Is she working hard? She isn't/She's not working hard, Are the children sleeping?

EX. 10 • John and Maria are not (aren't) working today
• Nadal is playing Federer in the final
• Where are you going? We're going home
• We are (we're) eating pizza and drinking beer
• What are you doing? I'm having lunch
• His parents are staying for 2 weeks
• Mr. Green is not (isn't) staying at this hotel
• Is it raining? No, it is (it's) snowing

5. ADJECTIVES (1)

EX. 11 • How tall is Cristiano? He's really <u>tall</u>, about 1.90 m • Women normally stay in the bathroom for a <u>long</u> time • Surfing is quite a <u>dangerous</u> sport; there are a lot of accidents • My dad is getting <u>old</u>. He's going to be 80 next year. • Cars in Brazil are very <u>expensive</u>, especially imported ones • It gets really <u>cold</u> in Montreal in the winter, sometimes -20ºC • The Louvre Museum is so <u>interesting</u>, we stayed there for 8 hours • We have a problem. The hotel room is not very <u>clean</u> • 20 minutes for a hamburger? The service is so <u>slow!</u> • It's really <u>difficult</u> to pass the vestibular to study medicine at USP • Brazilian people are famous for being very <u>friendly</u>
• This computer is so <u>old</u>. It's got Windows 95!

EX. 12 E EX. 13 **Combinações mais prováveis de adjetivo + substantivo.**
A **cold** day, cold people, a cold house, a cold room • An **old** watch, an old film, an old house, an old room • An **easy** day, an easy question, an easy trip • An **expensive** watch, an expensive house, an expensive room, an expensive trip, an expensive stay • **Dangerous** people, a dangerous question, a dangerous house, a dangerous trip • An **interesting** day, interesting people, an interesting question, an interesting house/room/trip • A **short** day, short people, a short film, a short trip, a short stay • **friendly** people • **Clean** people, a clean

house, a clean room •A **hot** drink, a hot building, a hot waiter (hot também significa *sexy*!) • A **new** bed, a new problem, a new book, a new building, a new car, a new waiter, a new course • A **difficult** lesson, a difficult problem, a difficult book, a difficult course • A **cheap** lesson, a cheap bed, a cheap book, a cheap drink, a cheap car, a cheap course • A **safe** building, a safe car • A **boring** lesson, a boring book, a boring course • A **long** lesson, a long bed, a long book, a long car, a long course • An **unfriendly** waiter • A **dirty** bed, a dirty building, a dirty car, a dirty waiter

6. PRONUNCIATION – WORD STRESS (2)

EX. 14 a **notebook** (*um caderno*) • a **sweatshirt** (*um moletom*) • an **earring** (*um brinco*) • a **phonebook** (*uma lista telefônica*) • the **bus station** (*a rodoviária*) • an **ashtray** (*um cinzeiro*) • a **timetable** (*um horário*) • an **armchair** (*uma poltrona*) • a **photocopy** (*um xerox*)

EX. 15 The kids are playing video-games on the laptop.
Go to the check-in desk, you can buy a ticket with a credit card.
We're going to the shopping centre to get a cheeseburger and a hotdog.
We went to the showroom for a test drive, but the car doesn't have any airbags.
He works in a petshop during the day, and as a barman at night.

7. CLOTHES

EX. 17 **1.** He's wearing a suit and tie, a hat, a shirt and a pair of shoes
2. He's wearing some shorts, a T-shirt and a pair of sneakers/trainers
3. She's wearing a (long) jacket, pants, a sweater and some shoes
4. She's wearing a dress/skirt and (long) boots

EX. 20

C	A	P				S	H	I	R	T
				S			A			I
			S	H	O	R	T	S		E
				O						
		D	R	E	S	S			T	
P				S		U			S	
A						I			H	
N			B	E	L	T			I	
T			R						R	
S	W	E	A	T	S	H	I	R	T	

UNIT 9

1. THE PAST SIMPLE – REGULAR VERBS

EX. 1 Last weekend we stayed at home and relaxed. On Saturday it rained all day, so in the morning we cleaned the house and washed clothes, and in the afternoon we watched a family movie and then called my sister (who moved to Canada 3 years ago) on Skype. On Sunday morning I played football in the garden with my son (well, he played and I tried to play!), then I worked for an hour and my son studied for a test. My wife decided to make a big lunch, so we invited some friends to come over and she cooked roast beef and an apple pie. When we finished lunch we looked at old photos and talked about our time as students. So, a simple weekend, but we really enjoyed it!

EX. 2 • He **tries** to be a good husband • Sally never **arrived** on time • It r**ains** here every day • I really **liked** the hotel food • She **studied** marketing at Harvard • Her friends **call** every day • My parents **stayed** at my apartment • Brazil **needed** to win the match • The maid **cleans** the room

EX. 3 **Exemplos**

• In the last holidays, I stayed at my friend's house in Garopaba • A long time ago, I played rugby for the school team • At school we studied two foreign languages, French and German • In the past people worked for 12 hours a day • A friend of mine lived on a beach in Bali for 3 years • When I arrived home yesterday I had a shower, made a sandwich and went to bed • Yesterday I watched TV for 12 hours • When I was young, I enjoyed playing with *Action Man* • Recently I started studying Italian in the evening

2. THE PRONUNCIATION OF –ED

EX. 4 finished/**finisht**/ introduced/**intrădiust**/ hated/**reit-id**/ organized/**orgãnaizd**/ hoped/**roupt**/ invited/**invait-id**/ decided/**disaid-id**/ closed/**klouzd**/ permitted/**permit-id**/ opened/**oupãnd**/ connected/**kãnekt-id**/ talked/**torkt**/

3. EXPRESSIONS OF PAST TIME

EX. 5 Yesterday, The day before yesterday, 3 days ago, Last week, 3 weeks ago, Last July, 2 years ago, When I was young

4. THE PAST SIMPLE — IRREGULAR VERBS

EX. 7 My father **was** born in Germany in 1949.
He **spent** his first 20 years living in a town called Wankdorf.
In 1969 he **came** to the USA with US$20 in his pocket.
He immediately **found** a job washing dishes in a restaurant.
He worked there for 5 years and **made** some money.
He **left** his job, **bought** a van and started delivering groceries.
In 1975 he **met** my mother at a friend's house.
He **said** she **was** the only woman in the world for him.
2 years later they **got** married and went to Reno on honeymoon.
Then they **had** 2 children, me and my sister!

EX. 8 • Prince William **met** Kate **at university** and they **got** married in **July** 2011 • Mark Zuckerberg **made** his first $1 billion when he was **23** • The **French gave** the Statue of Liberty to the Americans in 1886 • Women in Switzerland **got** the vote in **1971** • King Henry VIII of England **had 6** wives • Nelson Mandela **spent 27** years in prison • **Charlie Chaplin left** England in 1910 and **went** to America • It **took 4** years to build the city of Brasilia
• The character **Hamlet said** "To be or not to be, that is the question"

EX. 9

Categoria	10	20	30
Translate	I **went** to Paris	She **came** from the United States	He **brought** a lot of luggage/baggage
Present – past	She **got** a lot of emails	Everyone **took** the bus	I **thought** London **was** amazing
Fill the gap	We **played** football yesterday	He **spent** $80 on the tickets	I **met** my wife at a party in 1995
Past – Present	They **have** lunch at 12.30	Sandra **makes** delicious cakes	I **buy** some fruit and vegetables
Opposite	We **went** home late	Harry **found** his cellphone	They **left** Las Vegas (**poor**!)

5. PRONUNCIATION — SCHWA

EX. 10 • envelope • America • talkative • entertainment • company • arrivals • cousin • physical • temperature • ridiculous • double room • engineer

EX. 11 **a.** woman **b.** tomorrow **c.** Asia **d.** cookers **e.** organize **f.** suitable **g.** Bart Simpson **h.** internet **i.** frightened **j.** certificate **k.** photograph **l.** phone number

6. ADJECTIVES (2) – PEOPLE

EX. 13 **a.** overweight/fat **b.** thin/slim **c.** cute **d.** smart/intelligent **e.** ugly **f.** tall **g.** short **h.** good-looking

7. THERE WAS/THERE WERE

EX. 16 Last weekend we went to Rob and Marina's wedding in Hawaii. It was so romantic – there were flowers everywhere and there was an altar with a canopy overlooking the beach. There were over 200 guests for dinner, and there were waiters in traditional Hawaiian clothes serving the food. There was champagne in crystal classes, there was lobster and caviar and of course there was an enormous cake with two little surfers on top...it was so sweet!
A few days ago there was an awesome wedding party in Hawaii. There were all Rob's surfing buddies wearing tuxedos and there were like a million hot girls there. Most importantly, there was free beer all night, and there was this really cool band, playing blues and reggae tunes....sweet! Oh, yeah, and there was a ton of food, like steak and ice-cream...excellent!

8. PHRASAL VERBS (2)

EX. 17 • voltar (ir) – go back • voltar (vir) – come back • receber de volta – get back • guardar – put away • voltar a fazer – get back to • estar de volta – be back • chegar (de volta) – get back • dar de volta – give back • tirar – take away • viajar – go away • ficar longe/se afastar – keep away • sair correndo – run away

EX. 18 When I saw that enormous dog, I just **ran away** as fast as possible • Yesterday we went to a party and we didn't **get/come back** until 3 a.m. • Can you please tell him that Gina called and ask him to **call (me) back** later? • Did they **go away** last weekend? • Last year we went to Bahia and loved it, so we'**re going (to go) back** this year • Normally my wife washes the clothes and I **put them away** • Please **keep away**! • Can you give me R$20,00? I promise to **give/pay it back** tomorrow

UNIT 10

1. THE PAST SIMPLE – QUESTIONS

EX. 1 • Did I say that correctly? – No, actually the pronunciation is... • Did you bring any gifts? – Yes, I brought a present for my friends. • Did he finish the book? – No, I think he's still reading it. • Did she spend a lot? – Yes, she bought a lot of clothes. • Did it snow last winter? – Once, and only a few centimeters. • Did we get a discount? – No, we paid full price. • Did you enjoy your stay? – We had a great time, thanks. • Did they start serving food? – No, the restaurant doesn't open until. 7 • Did Amy go to the party? – Yes, she left at 5.30 a.m.
• Did the children go swimming? No way! It was really cold

EX. 2 • They came to the party. → Did they come to the party? • Marie left the company. → Did Marie leave the company? • The guests had breakfast. → Did the guests have breakfast? • You told him the truth. → Did you tell him the truth? • It rained last week → Did it rain last week? • Franco made fresh pasta. → Did Franco make fresh pasta?
• She saw her parents. → Did she see her parents? • They were at home. → Were they at home?
• I bought the right thing. → Did I buy the right thing? • He called a taxi for us. → Did he call a taxi for us?

EX. 3 E EX. 4 • Where did he go? – He went to Mexico City. • When did they arrive? – They arrived yesterday. • How long did you stay? – We stayed for a week. • How much did it cost? – It cost $300. • How many times did she call? – She called twice. • Why did Valerie leave? – She left because she was tired. • Who did Markus kiss? – He kissed Sheila.

EX. 5

What time did you get up?	What did you have for breakfast?	Did you study English?	How long did you stay at home?
How many calls did you make?	Did you watch TV?	Where did you have lunch?	What was the temperature?
Who did you call?	Did you send any emails?	How much money did you spend?	Which shoes did you wear?
How far did you walk?	Did you cook the dinner?	What time did you go to bed?	Did you have a good day?

EX. 7 **A:** So, tell me, **where did you go** to university? **B:** I went to university in Toronto
A: Really? **Why did you choose** Canada? **B:** I chose Canada because my uncle lives there
A: And **what did you study**? **B:** I studied economics and politics
A: Interesting. **How long did the course take**? **B:** The course took 4 years
A: So **when did you graduate**? **B:** I graduated in July 2004
A: And sorry to ask, but **how much did it cost**? **B:** It cost about $80,000 in total
A: Wow, that's a lot! So, **where/what was your first job**? **B:** My first job was at Citibank
A: Impressive. **How much (money) did you make**? **B:** I made R$65,000 a year
A: How long did you work there? **B:** I worked there for 3 years, then I went to Tokyo
A: Ok, and **did you like living there**? **B:** Yes, I loved living there
A: So, **which did you prefer**, Tokyo or Toronto? **B:** I preferred Tokyo, it's not so cold!

2. PRONUNCIATION – SENTENCE STRESS

EX. 8 • Let's meet at my house at 8 o'clock. Can you bring some food?
• The hotel was clean and comfortable, but the food was terrible.
• Do you have any money for the gas? No, I left my wallet at home.

EX. 9 • He went to the café to have a sandwich and an ice-cream.
• **A:** Can I have a Coke, please? **B:** Sure. Do you want some ice?
• I know that he was working for a company that makes some kind of software.
• Does the site have images so we can get an idea of the location?
• Are you at the store? Could you get some sugar and a can of tuna?

EX. 10 **A:** Do you like fish? **B:** I like seafood, but I don't like fish very much.
A: I think she comes from Panama **B:** No, she comes from Costa Rica.
A: Why did you eat the birthday cake? **B:** I didn't touch it. John ate it.
A: Are there 26 states in Brazil or 27? **B:** No, there are 28.

A: You have a car, but you don't want to drive?
A: I do want to drive, but I don't have a drivers license!

3. TRAVEL AND TRANSPORT

EX. 11 **a.** by car **b.** by bus **c.** by taxi **d.** by plane **e.** by train **f.** by ship **g.** on foot **h.** by bike **i.** by motorbike **j.** by truck

EX. 12 What you take on the plane – **hand luggage**, To reserve – **to book**, They sell tickets and holidays – **travel agents**, A place to sit – **a seat**, Put things in a suitcase – **to pack**, Person travelling – **a passenger**, Late – **delayed**, To queue – **to wait in line**, A trip by plane – **a flight**, How much luggage you can take on the plane – **baggage allowance**, The document you need to drive – **a driver's license**, Take things out of a suitcase – **to unpack**, To pay to use temporarily – **to rent**, Two types of ticket – **one way or round trip**

4. THE PAST SIMPLE – NEGATIVE

EX. 14 **A:** I don't believe it! You didn't clean the kitchen.
B: Sorry, I didn't know it was dirty. You didn't say anything...
A: I didn't need to tell you, it was obvious!
B: Anyway, I didn't have time. I was working.
A: You didn't work on Sunday, did you?
B: Well, no I didn't, but I went out and I wasn't home until 9 p.m.
A: So that means you didn't do the paperwork.
B: Not exactly. I started it, but I didn't finish...
A: My God! I certainly didn't marry you for your organization!

EX. 15

Did you have a shower this morning?	I had/didn't have a shower this morning.
Did you drink tea last week?	I drank/didn't drink tea last week.
Did it rain 2 days ago?	It rained/didn't rain 2 days ago.
Did you eat fish yesterday?	I ate/didn't eat fish yesterday.
Did you go to the cinema last weekend?	I went/didn't go to the cinema last weekend.
Did your best friend call you today?	My best friend called/didn't call me today.
Were you at home at 9 p.m. last night?	I was/wasn't ***ou*** we were/weren't at home.
Did you go away last Christmas?	I/we went/didn't go away last Christmas.
Did you spend a lot of money last month?	I spent/didn't spend a lot of money last month.
Did you study English the day before yesterday?	I studied/didn't study English yesterday.
Did your friends buy you a birthday present last year?	My friends bought/didn't buy me....
Was it cold yesterday?	It was/wasn't cold yesterday.

5. EXPRESSIONS AND SLANG (2)

EX. 16 Gisele is such a **babe**! She makes me so **horny**.
Me and my **buddies** usually get **wasted** on Friday nights.
Donald Trump is absolutely **loaded**, but he's such an **asshole**!
A: I **made out with** a really hot girl last night. **B: Big deal**!
I don't **feel like** studying. I **feel like** watching TV.
My Visa bill is $8,000 and I have $50 in the bank. I'm **screwed**!

EX. 17 • They own houses in New York, Paris and the Bahamas – **loaded** • We met when we were at school. We still see each other almost every day – **buddies/mates** • She's tall and has a fantastic figure. She has a beautiful face – **a babe** • He was drinking beer from 10 a.m. to 10 p.m. – **wasted** • The train leaves in 5 minutes and you're 10 minutes from the station – **screwed** • You went to the cinema. You kissed your boyfriend and didn't watch the movie – **make out (with)** • That guy is always saying stupid things and he thinks he's so cool – **an asshole**

6. PRONUNCIATION – /ʌ/

EX. 19 • one • worry • brush • touch • glove • shut • corrupt • won

EX. 20 • You need to fry the **o**nions in s**o**me b**u**tter for a c**ou**ple of minutes
• The res**u**lts of the research showed we m**u**st develop new prod**u**cts
• My parents are so w**o**rried because my br**o**ther is always in tr**ou**ble at school
• N**o**thing ever changes; the g**o**vernment in this c**ou**ntry is so corr**u**pt.
• You're so l**u**cky. You have s**u**ch a w**o**nderful m**o**ther!

7. PREPOSITIONS OF PLACE

EX. 21 Em cima de – **on**, Em/dentro – **in**, Ao lado de – **next to**, Entre – **between**, Perto de – **near**, Atrás – **behind**, Em frente a – **in front of**, De baixo de – **under**

EX. 22 • The table is **between** the sofa and the armchairs (**T**) • The flowers are **under** the table (**F**) • There are some books **on** the shelves (**T**) • The poster is **next to** the door (**T**) • The glass is **on** the table, **behind** the flowers (**F**) • The cat is in **front of** the table (**F**) • The hotel is **in** Ocean Avenue (**F**) • The man is **in front of** the hotel (**T**)
• The park is **near** the station (**F**) • There's a restaurant **next to** the hotel (**T**) • The bank is **between** the drugstore and McDonald's (**T**)

EX. 23 I live **in** São Paulo, one of the biggest cities in the world. My apartment is **near** Consolação subway station, about 5 minutes on foot. The building is **in** Rua Tiradentes, **in front** of a modern church, and the apartment is **on** the 2nd floor. **At** the back of the building there is a playground for children and **at** the top, **on** the 18th floor, there is an outdoor swimming pool and a gym.

In my bedroom there is a double bed, with a small table **next** to it. **On** the left of the bed there is a wardrobe and **in front** of it there's a rug **on** the floor. **Between** the wardrobe and the door there's a desk and a chair, and **on** the desk there's a computer.

UNIT 11

1. THE FUTURE – TO BE + GOING TO

EX. 1 We're going to have lunch inside – I think it's going to rain
I'm going to the doctors this morning – He's going to do some blood tests
It's going to take ages to get to the airport – We're going to miss the plane
Jenny's going to the gym – She's going to have a yoga class
They're going to study every day – I'm sure they're going to pass the exam
This year is going to be a different story – I'm going to stop smoking and go on a diet

EX. 2 It's **going to be** such a busy year for us. First of all, we**'re going to buy** an apartment, a 2-bedroom place quite near the center. My parents **are going to give** us some money so we can pay the deposit, then we**'re going to pay** R$1200 a month for the next 5 years! The other big news is that Ricardo **is going to start** a new job with a German company called ***Bosch***. His contract with Brastemp **is going to finish** in January, then we**'re going to have** a holiday before he begins the job. We**'re going to spend** 10 days on a Caribbean island called St. Kitts; Ricky **is going to do** a diving course, but I'm just **going to sleep, read** and get a tan!

EX. 3 Last year **he stayed** for 2 weeks, next year **he's going to stay** for 3 weeks
Last year **he visited** the pyramids, next year **he's going to visit** the Great Wall
Last year **he took** his wife, next year **he's going to take** his best friend
Last year it **took** 3 hours (to get there), next year **it's going to take** 6 hours
Last year **he brought** a carpet, next year **he's going to bring** an iPhone
Last year **he ate** goat, next year **he's going to eat** snake

2. PRONUNCIATION – FAMILIES (3)

EX. 4

Roberto Carlos is a very **famous** singer
The food was really **delicious**, we loved it!
I'm afraid we have a **serious** problem
My wife is **jealous** of my ex-girlfriends
Bart Simpson is funny, but **naughty**
My dad was **furious** when I crashed his car

I **bought** a new jacket in the sales
Sorry, I **thought** you were someone else
My mom **taught** me an important lesson
Did you bring some drink? Yes, I **brought** beer
You **ought to** eat fruit and vegetables
Driving in Brazil is very **dangerous**

3. EXPRESSIONS OF FUTURE TIME

EX. 5 **1.** next year **2.** The year after next **3.** in 3 years **4.** in 2020 **5.** next century

EX. 6 **a.** Saturday is **the day after tomorrow**, Monday is **in 5 days**, Thursday is **in a week/next week/next Thursday** **b.** 13.45 is **in an hour**, 14.15 is **in an hour and a half/in 90 minutes,** 16.45 is **in 4 hours** **c.** January 9th-16th is **next week**, Jan. 16th-23rd is **the week after next/in 2 weeks**, February 2nd is **in a month/ next month** **d.** 2020 is **next year**, 2021 is **in 2 years /the year after next**, 2024 is **in 5 years** (time).

4. GOING TO – NEGATIVE AND QUESTIONS

EX. 9 (–) I'm not, You're not/You aren't, He's not/He isn't, She's not/She isn't, It's not/It isn't, We're not/ We aren't, They're not/They aren't [+ GOING TO] (?) Am I, Are you, Is he, Is she, Is it, Are we, Are they [+ GOING TO?]

EX. 10 • Are they going to stay at/in your house? • He's not going to finish the/his homework. • How long is she going to stay in London? • Is it going to rain on Saturday? • The flowers are not going to grow inside. • What are you going to make for lunch? • What time is the show going to start? • I'm not going to Paris this year. • We're not going to work today. • Where are your friends going to sleep?

5. MAKING FUTURE PLANS

EX. 12 • Andy and Roxy are thinking of going to **Brighton** on Saturday. • Brigit was thinking of **staying at home** on Saturday, **maybe going out** in the evening. • Andrea's mate (friend) **Seth** is going to have a party in Brighton.
• They're planning to leave London **after lunch/at 2** (on Saturday). • They going to get to Brighton **by train**.
• They going to meet at Brigit's house **because it's near the station**.

6. THE WEATHER

EX. 15 **1.** It's windy **2.** It's cloudy **3.** It's raining **4.** It's sunny **5.** It's snowing

EX. 16 1 = London 2 = Rio 3 = Montreal
The average summer temperature in London is about **22ºC** It snows **once or twice a year** in London
The typical weather in Rio is **hot, sunny and humid** Cariocas keep cool **with air-conditioning**
The minimum temperature in Montreal is **-20ºC** Summers last **3 months** in Montreal
It rains about **600 mm a year in London** and nearly **1200 mm a year in Rio** (It's true!)

EX. 17 A **segunda previsão de tempo** combina com os mapas da Grã-Bretanha

7. PRONUNCIATION – DIFFICULT WORDS FOR BRAZILIANS (2)

EX. 19 Many Australians go to Europe to work before they go to university.
Since 1945, the Italian government has changed 61 times.
How high is the highest mountain in Europe?
Come early because it gets really busy by 12 o'clock.
We asked the owner for a receipt, but she said *no*.

UNIT 12

1. THE HUMAN BODY

EX. 1

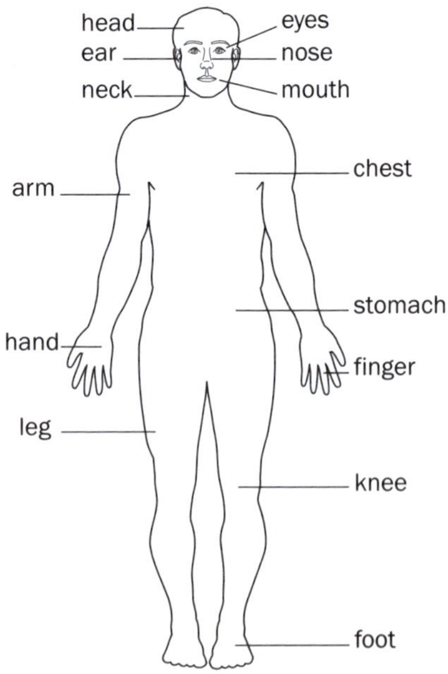

EX. 3 • This TV is really heavy. Can you give me a **hand**? • I have a terrible **headache**. Do you have any aspirin?
• Yesterday I walked 15 km and today my **legs** really hurt • I need a Bandaid, quick! I cut my **finger/ hand** preparing vegetables • He ate 3 cheeseburgers so naturally he had a **stomachache** • She has the most beautiful green **eyes** I've ever seen • I usually brush my **teeth** 3 times a day, after every meal • In the 1970s a lot of men had very long **hair** • If you have a **backache**, you should have a massage • In the famous story, Pinocchio's **nose** grew when he told a lie

2. PRONUNCIATION – WORD STRESS (3)

EX. 4 E EX. 5 • control • magazine • volume • interested • comfortable • excellent • signature • alcohol
• teenager • cartoon **Imagens**: • subtitles • category • guarantee • artificial • variety • productive

EX. 7 **As palavras com a pronúncia errada na primeira leitura são:**
• teenagers • subtitles • product • control • category • interested • signature

3. POLITE REQUESTS

EX. 8 **A:** Good morning, **may I** help you? **B:** Yes, **I'd like** 2 tickets for 4th April.
A: I'm afraid we're sold out on 4th. **B:** That's a shame. How about 5th?
A: Yes, no problem. **Could I** have your name, please? **B:** Sure, it's Roberts. Julia Roberts.
A: Ok...that'll be $80. How **would you like** to pay? **B:** By Mastercard, if that's ok.
A: Of course. **Could you** give me the card number, please? **B:** Sure, it's 4448 3515 2592 1637. Expiry date 02/2024. **Would it be possible** to pick up the tickets? **A:** No problem. They'll be here at the box office.

EX. 9 **Exemplos de pedidos**
Can/could you give me your address, please? Can/Could/May I have a receipt please?
I'd like to book a table at 8 p.m., please. Would it be possible to have an early breakfast?
I'd like the seafood pasta Can/Could/May I try on these jeans? Can/Could you give me a hand, please?
Would it be possible to use the computer, please? Can/Could/May I speak to the manager, please?
I'd like a map of the city, please. Can/Could/May I have another beer, please?

4. GOING SHOPPING

EX. 10 **a.** post office **b.** sports store **c.** bank **d.** deli **e.** drugstore **f.** supermarket **g.** car rental **h.** beauty salon **i.** department store **j.** convenience store

EX. 11

post office	sports store	bank	beauty salon	supermarket
envelope	running shoes	checking	haircut	frozen food
stamp	Real Madrid	account	manicure	checkout
package	shirt	traveler's check	bikini wax	aisle 7
	tennis racket	exchange rate		
drugstore	**deli**	**department store**	**conv. store**	**car rental**
paracetamol	olives	4th floor	cigarettes	insurance
toothbrush	salami	menswear	chewing gum	per day
bandaids	fresh rolls	fitting room	newspaper	driver's licence

Shop-assistant (*balconista*) é usado em qualquer tipo de loja.

5. SENTENCES WITH IF

EX. 13 If we have enough money, we're going to buy an apartment
If you don't leave right now, I'm going to call the police
Where are they going to stay if there are no hotels?
If I have another drink, I'm not going to drive home
My parents aren't going to be happy if we make a mess in their house
If all the players are fit, they could win the match

EX. 14 If I wake up late, I'm going to miss the train
If I miss the train, I'm going to be late for the meeting
If I'm late for the meeting, we're not going to get the contract
If we don't get the contract, the company is going to close
If the company closes, I'm not going to have a job
If I don't have a job, we're going to sell the house
If we sell the house, we're going to live on the streets

EX. 15 **Exemplos**
a. If I study English every day, I'm going speak fluently in a year
b. If we don't stop polluting the planet, the temperature will continue to rise
c. If the flight is cancelled, we're going to stay in a hotel
d. If you come to visit my city, you're going to see the most beautiful girls in the world
e. If I make a lot of money, I'm going to buy a chalet in Switzerland
f. If it doesn't rain on Sunday, we're going to have a barbecue

g. If the government abolishes import tax, the economy is going to grow
h. If I pass the exam, I'm going to have a party to celebrate
i. If you stop eating chocolate, you're going to lose a lot of weight
j. If Argentina win the World Cup, I'm going to be very happy (***Just kidding***!)

6. MAKING PHONE CALLS

EX. 16 Darling, the phone's ringing!
Ok, ok, I'll answer it. Hello.
Hello, can I speak to Jane, please?
Yes, just hold on a moment. Who's speaking?
It's Bob Lipton, I'm calling about her tax forms.

Good morning, may I speak to Diane Lane, please?
I'm afraid she's in a meeting at the moment.
I see. Could I leave a message for her?
Of course. Can I have your name, please?
It's Jenni. Could you ask her to call me back?
Sure. I'll tell when she finishes her meeting.

EX. 17 • I phoned/called the bank, but it was always busy/engaged
• Can/Could I speak to/with Mr. Bond, please?
• Can you hold the line/wait a moment, please?
• I'm afraid/sorry Sr. Gonzalez is not here/out of the office
• Who's calling/speaking? This is/It's Charles Manson
• Can I take/leave a message? Certainly/Of course
• Could you ask/tell him to call me back later/tomorrow?
• Sorry, I didn't hear/understand that. Can you speak up/slowly, please?

EX. 18 A pronúncia correta é: sInce = a; busy = a; early = b; Australia = b; mountain = a; area = b; Europe = b; government = a; receipt = a; owner = b

7. PRONUNCIATION – HOMOPHONES

EX. 19 high – **hi**, weight – **wait**, weigh – **way**, ate – **eight**, dye – **die**, son – **sun**, flour – **flower**, queue – **Q**, wore – **war**, read – **red**, their – **there** ou **they're**, wear – **where**, weak – **week**, sew – **so**

EX. 20 **Exemplos**
Last year I read **a book about Einstein** and this year I'm going to read **a book in French**
There's normally a big queue at **the bank/post office/airport security** etc.!
When I was young, I wore **cowboy boots**, but now I usually wear **sneakers**
When you check-in at the airport, you must weigh **your (hand) luggage/bags/suitcase**
If you want to lose weight, you should **take exercise every day**

RESPOSTAS ÀS PROVAS DE PROGRESSO

PROVA DE PROGRESSO – UNIT 1

1. a. Julia **is** from Lima in Peru. She is **a** university student **b.** Hello, **my** name is Bruce. I'm from Sydney and I'm **eight** **c.** They're **at** home. The phone **number** is 3232 9142 **d.** The apartment is **in** São Paulo; **it**'s 500 m from Av. Paulista **e.** Jeff is **a** businessman and Simone is **an** architect.

2. a. a é usado antes de palavras que começam com uma consoante, e **an,** antes de palavras que começam com vogal. **b.** Pronúncia: the bus (**thã**), the airport (**thii**) **c. You are** e **he is** são formas completas, usada em situações formais, enquanto **you're** e **he's** são formas abreviadas, usada na maioria das situações do dia a dia.

3. • My name is _________ My surname/last name is _________ I am/I'm from _________ in Brazil
• They are/They're Americans; he is/he's from Boston and she is/she's from New York
• I am/I'm in the office and my girlfriend is at home
• We are/We're Mr. and Mrs. Davies; I am/I'm English and she is/she's Brazilian
• My passport number is...*ou* The number of my passport is... and my (tele)phone number is....
• A sandwich, an omelet, a beer and a coffee, please
• There are 40 rooms, a restaurant and a bar in the hotel
• We are/We're in London, and you are/you're in Brazil. It's difficult!

4. i = /ai/ e = /i/ r = /ar/ y = /uai/ x = /eks/ j = /djei/ g = /dji/ h = /eitch/

PROVA DE PROGRESSO – UNIT 2

1. • women • buses • countries • people • matches • men • days • children • dishes • ladies

2. • **A:** My name is Amanda. Nice/Pleased to meet you **B:** Nice/Pleased to meet you too
• **A:** Good morning, how are you? **B:** I'm fine thanks/thank you, and you?
• **A:** Thank you very much for your help **B:** You're welcome
• **A:** Good afternoon **B:** Afternoon? It's 7 o'clock/7 p.m. Good evening!
• **A:** Is the club cool? **B:** Yes, it's (really) amazing/cool/awesome!

3. a. He's not/He isn't at home, Is he at home? **b.** They're not/They aren't Spanish, Are they Spanish? **c.** She's not/She isn't a student, Is she a student? **d.** I'm not in room 12, Am I in room 12? **e.** It's not/It isn't hot, Is it hot? **f.** Stella's not/Stella isn't married, Is Stella married? **g.** You're not/You aren't Brazilian, Are you Brazilian? **h.** Americans aren't friendly, Are Americans friendly? **i.** We're not/We aren't late, Are we late?

4. • Portuguese • French • Italian • German • Russian • Mexican • Chinese • Spanish • Japanese

PROVA DE PROGRESSO – UNIT 3

1. a. works **b.** go **c.** studies **d.** like/love **e.** plays **f.** has/has got **g.** come **h.** eat/have **i.** lives **j.** watches

2. menu hotel toilet hospital email afternoon daughter supermarket Police internet university apartment cousin

3. • They're my relatives • Our son is 15 (years old) • Her cousin lives in France • Is he your uncle? • She's Carolina's sister • Gustavo's wife works here • Their daughter likes rap • His aunt has a house in Búzios • New York is famous for its stores/shops

5. • yellow • blue • green • black and red • white • brown • gray

PROVA DE PROGRESSO – UNIT 4

2. a. Does he read the paper? **b.** Do you get up early? **c.** Do I speak Portuguese well? **d.** Do they start work at 8 a.m.? **e.** Does Valerie listen to classical music? **f.** Does the bus leave soon? **g.** Do you write a lot of emails? **h.** Do the Olympics finish in August? **i.** Do you arrive tomorrow?

3. a. Where do you live? **b.** What's does your mom do?/What's your mom's job? **c.** Where does he come from? **d.** When do you go to Rio? **e.** What do they normally drink? **f.** When does Jake study? **g.** What's your phone number? **h.** What's your favorite food? **i.** When do you [go to the supermarket]?

5. a. Generally I get up before my wife **b.** During the week, we always have lunch at 12.30 **c.** Sometimes my friends come (*ou* My friends sometimes come) to my house on Saturday(s) **d.** People

rarely write letters
f. Our students never finish the homework **g.** We hardly ever speak English in the class/lesson **h.** Normally the films start (*ou* The films normally start) at 9 p.m. **i.** In the summer, the English often go to the park

PROVA DE PROGRESSO – UNIT 5

1. a. look for **b.** turn on **c.** go on **d.** get off **e.** get to **f.** hold on **g.** wake up **h.** sit down **i.** go out **j.** get on the bus **k.** put on (clothes)

2. • My parents don't like Brazil • She has a sister • The shop doesn't open on Saturdays • He doesn't play tennis at school • Bill smokes a lot • I don't go to church every week • Our daughter studies English • He's not/He isn't from Germany • It doesn't rain a lot in my city

3. • Tudo bem? • muitos/as • um cara • legal • é péssimo/uma droga • cara • pegue leve • É ruim/uma droga

4. • **in** July • **on** Tuesday • **in** 2004 • **in** summer • **on** my birthday • **at** night • next week • **at** the weekend • **in** the evening • last year • **on** 12th July

6. a. Why do you like listening to music when you have/take a shower?
b. Today we're at home because we don't have (any) money
c. What time do you start work and what time do you finish?
d. The semi-final is this afternoon and the final is next Thursday
e. Which do you prefer, Italian food or Japanese food?
f. Who is your favorite football player?
g. What kind/type of car would you like to buy?

PROVA DE PROGRESSO – UNIT 6

1. • How do you get to school? – by car • How do you spell your name? – S-M-I-T-H • How do you pronounce this word? – it's /kwait/• How's it going? – good, thanks • How do you say *gastar* in English? – spend • What does *although* mean? – embora • How can I get to the station? – turn left here • How old is your brother? He's 24
2. • me • us • her • you • him • them • it • me

4. a. He can't finish the work today. **b.** Can you speak Russian? No, but I can understand (it). **c.** Sorry/I'm afraid you can't smoke in the restaurant. **d.** Can you bring a Coke with ice please? **e.** They can understand the teacher when she speaks. **f.** Can we stay here? No, you can't. **g.** Can I use the bathroom/toilet, please? Yes, sure/of course/no problem.

5. a. and. **b.** because. **c.** although. **d.** so. **e.** but. **f.** also.

PROVA DE PROGRESSO – UNIT 7

1. • minit • fani • uimin • kof • steik • rai • noiz • fruut • orlthou • thruu • perãnts • choklãt • letis • lam •rart

2. a. We need some butter for the carrots. **b.** Do you have any cheese to eat with the pasta? **c.** These strawberries are delicious. Is there any cream? **d.** I love eating/to eat cookies and drinking/to drink milk before sleeping. **e.** There is some chicken in the fridge, but there aren't any potatoes. **f.** Where are those apples? They're in that bag on the table.

3. • Substantivos contáveis têm plural, incontáveis não têm
• Ex: rice, pasta, wine, water, cheese
• Contáveis plurais e incontáveis • Some – positivo, any – negativo/interrogativo

5. a. How much money do you have? **b.** How many bathrooms are there? **c.** How many times a week do you go to the gym? **d.** How often do you recycle your bottles? **e.** How long does each lesson last? **f.** How far is it from here to the center? **g.** How much chicken is there? **h.** How long does it take to get there? **i.** How many subjects do you study at school? **j.** How often does she call you? **k.** How many times a day do you call her?

l. How far is the beach from your house?

PROVA DE PROGRESSO – UNIT 8

1. a. There is a new notebook in my bag, on that armchair. **b.** Why are you wearing an expensive sweatshirt to play basketball? **c.** The dining-room is clean but the kitchen is dirty. **d.** Please don't put your chewing gum in the ashtray. It's disgusting! **e.** The program was interesting, but a bit/little difficult to understand. **f.** Swimming-pools are very/really dangerous for families with small/young children. **g.** This photocopy machine is very/really old and very/really slow.

2. • Present Simple e Present Continuous • Ações em curso no momento ou atualmente

3.

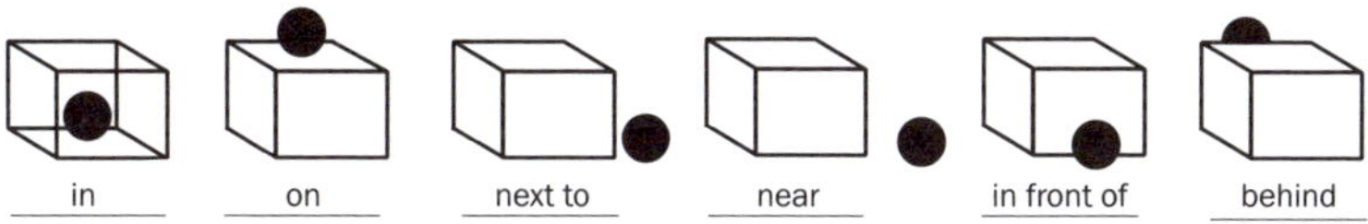

a. We left our luggage **in** a locker **at** the station **in** Rome **b.** My parents met **at** a party **at** university. Mom was dancing **on** the table! **c. In/At** the cinema, do you prefer to sit **at** the front, **at** the back or **in** the middle? **d.** She works **in** the centre, **in** an office **on** the 5th floor

PROVA DE PROGRESSO – UNIT 9

1. • played • tried • stayed • watched • bought • had • finished • gave • saw • stopped

2. a. The day before yesterday I went to the mall/shopping centre and spent $450. **b.** My parents came to visit us last year and they loved Brazil. **c.** Diana told me that they left home/the house 20 minutes ago. **d.** They met when she was 15, and they got married 2 years later. **e.** Last week I found a wallet in the street/road, so I took it to the police. **f.** 3 weeks ago we made a *moqueca* and invited some friends

3. • /ə/ = /ã/ • Em qualquer sílaba sem ênfase • summer, internet, introduce, impolite, delicate, station, overweight, ago

4. a. went away, came/got back **b.** ran away, coming back **c.** pay/give back **d.** puts away **e.** call/ring back

5. • impolite • short • thin/slim • unfriendly • ugly • smart/intelligent • interesting/fun • short • easy

PROVA DE PROGRESSO – UNIT 10

1. • Porque eles contêm as informações principais, ou para corrigir/contrariar • Verbos principais, substantivos, adjetivos e advérbios • Verbos auxiliares, artigos, preposições, pronomes • o som é **/ə/ (/ã/)** • com **o** (hot), **u** (but), **ou** (young)

2. a. Can you please call a taxi to take us to the airport?

b. I asked her where John was. She told me he went to the bank.

c. Did you go shopping today? Yes, we went to the shopping center.

d. We drove to Curitiba, stayed for 3 hours, then drove home again.

e. Just go upstairs, get the charger, and bring it to me, ok?

3. • Ela é uma gata. • Estou a fim de sair. • Eles são meus grandes amigos. • Ela é cheia da grana.

• Estávamos doidos. • Estou completamente frito. • Ele é um babaca. • Fiquei com ela uma vez.

4. • She didn't go to work, Did she go to work? • They didn't buy a car, Did they buy a car? • We didn't stay at home, Did they stay at home? • He didn't enjoy the film, Did he enjoy the film? • It wasn't cold, Was it cold? • Marco didn't come home yesterday, Did Marco come? • You didn't see Jim today, Did you see Jim? • She didn't take a long time, Did she take a long time?

5. a. Normally we go (*ou* We normally go) on foot, but today we went by car. **b.** The plane was delayed/late, so we missed the train when we arrived in Lisbon/got to Lisbon. **c.** I took/got a taxi to the station, then I took/got a train to York. **d.** How do you get to school? I always go by subway. **e.** When you get on the plane, check your seat number on the boarding card.

PROVA DE PROGRESSO – UNIT 11

1. • He's going to study, He isn't/He's not going to study, Is he going to study?
• They're going to meet, They aren't/They're not going to meet, Are they going to meet?
• The store is going to open, The store isn't/The store's not going to open, Is the store going to open?
• She's going to buy, She isn't/She's not going to buy, Is she going to buy?
• It's going to rain, It isn't/It's not going to rain, Is it going to rain?
• My mum is going to be, My mum isn't/My mum's not going to be, Is my mum going to be?
• Túlio is going to get, Túlio isn't/Túlio's not going to get, Is Túlio going to get?
• I'm going to make, I'm not going to make, Am I going to make?

2. a. Are you going to buy an apartment next year? **b.** We're going to China in 3 days and we're going to stay there (for) a week. **c.** Tomorrow I'm going to work in the morning, but I'm not going to work in the afternoon. **d.** The day after tomorrow my boss is going to tell me if he's going away this month. **e.** When Patrícia is here, are we going to start the meeting? **f.** They're not going to have the money next week, so they aren't going to pay.
g. Do you think the world is going to be very different in 50 years?

3. • /bort GB/ ou /báát US/ • /eriã/ • /djelãs/ • /klaudi/ • /tort GB/ ou /táát US/ • receipt /wrisiit/ • owner /ounã/ • /siãriãs/ • /bizi/ • /uethã/ • /ort tou GB/ ou /áát tou US/ • /dilischãs/ • /fauntin/

4. a. have. **b.** write/publish. **c.** buying/giving/getting. **d.** start/have/own/set up. **e.** going, coming. **f**. planning, thinking

PROVA DE PROGRESSO – UNIT 12

1. a. Can I speak to John, please? **b.** Who's speaking? It is Mr. Jones. **c.** Could you hold the line, please?
d. I'm afraid he's not here at the moment. **e.** Would it be possible to call back later?

2. • **Can/could** you get me a glass of water, please? • **Would** it be possible... • I'd like **to buy**... • **Certainly/I'm afraid not** • Could you please **bring** us...?

4. • IF + PRESENT + FUTURE • Para situações mais prováveis

5. a. She went to hospital because she broke her arm. **b.** I cut my finger. Can/could you give me a Bandaid?
c. Since the accident my foot and my knee always hurt in the winter. **d.** I have/I've got a stomach ache. Do you have any medicine that I can take? **e.** Is your mouth hurting? No, but I have/I've got a pain in my neck.